Fazendo negócio$ na China

Ted Plafker

Fazendo negócio$ na China

Como lucrar no país que mais cresce no mundo

Tradução
Rita Sussekind

Título original: *Doing business in China*
Copyright © 2008 by Ted Plafker
Originalmente publicada pela Grand Central Publishing, New York, USA.

Todos os direitos reservados. Nenhuma parte desta obra pode ser reproduzida ou transmitida por qualquer forma ou meio eletrônico ou mecânico, inclusive fotocópia, gravação ou sistema de armazenagem e recuperação de informação, sem a permissão escrita do editor.

Direção editorial
Soraia Luana Reis

Editora
Luciana Paixão

Editora assistente
Valéria Sanalios

Assistência editorial
Elisa Martins

Preparação de Texto
Fátima Couto
Valentina Nunes

Revisão
Cid Camargo
Renata Nakano

Criação e produção gráfica
Thiago Sousa

Assistente de criação
Marcos Gubiotti

CIP-Brasil. Catalogação-na-fonte
Sindicato Nacional dos Editores de Livros, RJ

P772f   Plafker, Ted
          Fazendo negócios na China / Ted Plafker; tradução Rita Sussekind. -
São Paulo: Prumo, 2008.

          Tradução de: Doing business in China

          Inclui bibliografia

          ISBN 978-85-61618-31-5

          1. Empresas multinacionais - China. 2. Empresas estrangeiras - China.
3. Investimentos estrangeiros - China. 4. Empresas - China. I. Título.

                                                            CDD: 382.0951
08-3163.   CDU: 339.5(510)

Direitos de edição para o Brasil:
Editora Prumo Ltda.
Rua Júlio Diniz, 56 - 5º andar – São Paulo/SP – Cep: 04547-090
Tel: (11) 3729-0244 - Fax: (11) 3045-4100
E-mail: contato@editoraprumo.com.br / www.editoraprumo.com.br

Para Benjamin, Daniel e Jonathan,
os mais jovens "velhos especialistas" em China.

E para Roberta, é claro, que sabe mais do que
jamais saberei – sobre fazer negócios na China,
e sobre tudo o que importa.

SUMÁRIO

Introdução Como este livro ajuda a identificar e
buscar as melhores oportunidades de
negócio no mercado emergente chinês.......................9

Capítulo 1. As oito grandes oportunidades de negócios
– os maiores mercados emergentes...........................16

Capítulo 2. Leis, regras e regulamentos......................................56

Capítulo 3. Diferenças culturais e etiqueta..................................87

Capítulo 4. Vendas e marketing..133

Capítulo 5. Informações, por favor!...155

Capítulo 6. O preço da China..187

Capítulo 7. Morando fora, aprendendo chinês...........................210

Capítulo 8. Armadilhas a serem evitadas..................................246

Conclusão..270

Considerações..277

Bibliografia...280

Índice...283

INTRODUÇÃO

Como este livro ajuda a identificar e buscar as melhores oportunidades de negócio no mercado emergente chinês

Então... você está pensando em fazer negócios na China. Há alguns anos vem lendo a respeito do rápido crescimento desse país, de seu apetite voraz por investimento, da tecnologia, dos *commodities*, bens e serviços. Tem ouvido um empolgado relato atrás do outro sobre o firme crescimento da indústria chinesa na corrente de valor e sua estável marcha nos mercados globais. O dragão está rugindo, o gigante está acordando e o mundo está tremendo, impressionado, exatamente como Napoleão (talvez apocrifamente) previu há dois séculos. Some tudo isso e a conclusão parece inescapável: qualquer empresa, independentemente do seu porte ou negócio, *simplesmente precisa entrar na China*.

Se você se preocupou em comprar este livro, existe uma boa chance de que já tenha chegado a essa conclusão. Mas será que está certo? Você realmente *precisa* estar na China?

Mesmo que já tenha pensado muito a esse respeito e tenha concluído que a resposta é sim, você ainda pode temer estar sendo vítima da "mentalidade de rebanho": às vezes não parece que todos estão se juntando numa corrida maluca para a China? E geralmente não é melhor resistir à essa tendência? Afinal de contas, os verdadeiros vencedores não olham para onde o rebanho está indo – e em seguida vão para outro lado?

Às vezes o fazem e às vezes, é claro, essa é a manobra inteligente. Em outros, contudo, o rebanho se movimenta muito depressa por estar atrás de algo extremamente grande. Obviamente, esse é o caso do *boom* chinês. Uma olhada em qualquer indicador – seja índice de crescimento econômico, padrões de consumo, volumes de troca ou cálculos de investimento – é o suficiente para lhe mostrar que a indústria chinesa é grande e está crescendo rapidamente.

Mas tamanho não é tudo, e o fato de ser grande não quer dizer que ela seja adequada para todos. Uma das armadilhas mais comuns que afligem as companhias estrangeiras na China é a tendência a generalizar – preste atenção nisso durante todo o processo –, a começar pela primeira grande decisão: saber se realmente há necessidade de estar na China.

Então, quais são os fatores e problemas que precisam ser considerados? Sim, a China está crescendo rapidamente. E provavelmente existem grandes oportunidades para a fonte dos bens, a venda dos produtos e a promoção dos serviços de sua firma no mais veloz dos mercados crescentes. Mas, apesar disso, a decisão final não é simples e a resposta mais fácil – "Sim, precisamos estar lá!" – simplesmente não vale para todos.

Considerando a atmosfera chinesa amedrontadora para os negócios, o ambiente social, legal e político únicos e complexos, além da vigorosa corrupção, a China é um país complicado. Estabelecer-se custa caro e o progresso é geralmente lento. Em muitos casos, o progresso – sem falar na lucratividade – é completamente ilusório. Conforme diversas empresas estrangeiras já provaram, o sucesso na China é possível, mas somente para aqueles que têm paciência, persistência e recursos para garanti-lo. Não ocorre de forma rápida nem barata.

Em quase todos os casos, as empresas que obtiveram sucesso na China passaram anos preparando o terreno e gastando dinheiro em vez de lucrar. Alguns consultores dizem que a China só é um bom mercado para empresas que tenham pelo menos 20 a 30 milhões de dólares em vendas anuais e uma força de trabalho de no mínimo 200 empregados. É claro que regras tão simples e generalizadas não se aplicam a todos, e você vai precisar fazer os seus próprios cálculos baseando-se no que sabe a respeito de sua empresa ou indústria. Mas, de qualquer maneira, é aqui que você deve começar, pelo "item número um" da lista de coisas que precisa saber antes de tomar a iniciativa: se não tiver tempo nem dinheiro para agir corretamente, a China não é lugar para você.

Sabendo disso, você pode decidir fechar este livro agora mesmo. Mas não tão depressa! Mesmo que não planeje levar os seus negócios para a China, vale a pena entender o que acontece por lá. Porque não importa qual seja o seu negócio, e não importa aonde o conduza, existe uma boa chance de que a China – de alguma forma, direta ou indiretamente – tenha algum impacto em sua base. E mesmo que isso não esteja acontecendo agora, provavelmente acontecerá em breve.

A demanda chinesa é um fator-chave na definição dos preços globais de muitos *commodities* fundamentais, inclusive petróleo, cobre, carvão e minério de ferro. E uma forte oferta chinesa mantém o teto dos preços de outros *commodities*, como magnésio e metais raros.

Como grande produtora e grande eixo comercial, a China também está reformulando as estruturas globais de impostos sobre uma enorme gama de produtos. No capítulo 6 você verá como a China – utilizando seu vasto suprimento de mão-de-obra barata, mas também outras vantagens competitivas – trabalha por menos que alguns concorrentes e está tomando uma parcela dominante de mercados no mundo todo. Em muitas instâncias, está competindo com o mercado americano e vencendo. Mesmo quando não é o caso, a China afeta mercados em todas as partes do mundo e transforma o âmbito do comércio global.

Então, tenha você planejado ou não, percebido ou não, existe uma boa chance de o que ocorre na China ter importância para você e para os seus negócios.

Se ainda estiver pensando em fazer negócios por lá, se tiver feito os cálculos e decidido que tem os recursos necessários para vencer, você tem razão em entusiasmar-se quanto às suas perspectivas. Mas também deve manter a cabeça aberta.

Os veteranos obstinados da China, estrangeiros que já fazem negócios lá há vinte anos ou mais, conhecem muito bem uma espécie de agente: o deslumbrado "marinheiro de primeira viagem" de um pequeno escritório. Um dos termos que utilizam para descrever essas pessoas é *China drunk*.

Elas são facilmente identificáveis. Recém-chegadas de sedes de empresas, ficam imediatamente deslumbradas com o que vêem. Sua primeira parada geralmente é em algum dos novos terminais aéreos cintilantes de Pequim ou Xangai, seguida por uma viagem à cidade em uma estrada magnífica.

O transporte que os leva do aeroporto pode ser um Audi ou um sedã de luxo da Buick fabricado na China, e ao chegar ao centro passará por enormes prédios e ruas lotadas. A visão de tantos restaurantes e lojas cheios de pessoas tão bem-vestidas garantirá imediatamente que é de fato o lugar onde devem estar.

O automóvel em seguida os deixará em um hotel cinco estrelas, abundantemente decorado em mármore, reluzindo de brilho e lotado de chineses bem-vestidos discutindo negócios ao celular enquanto aproveitam a boa vida no bar do *lobby*.

Esse tipo de cenário pode ser de fato inebriante. Mas, assim como a sensação do forte licor oferecido em qualquer banquete chinês, ele pode surpreendê-lo e derrubá-lo, deixando-o com dor de cabeça, algumas más lembranças e algumas dúvidas quanto ao paradeiro do seu dinheiro.

Se for tomado aos poucos, o licor pode ser apreciado. Afinal de contas, todo aquele mármore, o neon e o alvoroço são reais, e não há motivo para não se empolgar um pouquinho com o cenário.

Aliás, o mesmo entusiasmo desses executivos estrangeiros – tanto os beberrões quanto os que bebem aos poucos – confere à China outra valiosa vantagem sobre mercados emergentes. Eu não chegaria a chamá-la de profecia auto-realizável, mas é razoável dizer que a percepção estrangeira da importância da China, quase universal, de fato suscita importantes benefícios.

Dependendo do mercado que atue, você poderia facilmente formular argumentos plausíveis para defender a necessidade de sua empresa estar, por exemplo, na Indonésia. Com uma enorme população, rápida modernização e vastos recursos naturais, a Indonésia parece uma boa candidata à sua atenção, e talvez aos seus dólares de investimento. Evidentemente, há alguns dos mesmos problemas e riscos que outros mercados emergentes, como a corrupção endêmica e a constante ameaça de instabilidade política ou financeira. Na China isso também ocorre.

Mas, para entender a diferença, pergunte-se: quantas grandes multinacionais acreditam que a Indonésia seja indispensável para seu futuro? Pode ser um mercado potencial atraente, cheio de risco, mas repleto de vantagens. E talvez, depois de estudá-lo, você até resolva investir lá. Mas, se as coisas começarem a ficar ruins – se a corrupção começar a crescer desenfreadamente ou a política se tornar muito volátil –, a decisão mais sensata provavelmente será abandonar o navio. A conclusão óbvia: sua jogada na Indonésia foi uma boa idéia, mas no final das contas não valia o transtorno.

Na China, no entanto, essa lógica simplesmente não se aplica. Muitas das grandes empresas mundiais determinaram – certamente de maneira correta – que a China é e continuará sendo um local-chave para seus planos e estratégias globais em longo prazo. Seja como for, elas precisarão estar na China, e muitas delas investiram tanto que retirar-se não é mais uma opção.

Só esse fato já dá à China uma grande vantagem. Como muitas empresas acreditam que esse seja o caso, elas já estão na China e pretendem continuar lá. Com isso, esse país conta com uma sólida base de influxo de capital, tecnologia e gerenciamento especializado.

Se você planeja fazer parte desse influxo, este livro lhe oferecerá as informações de que precisa para entender essa nação e aumentar suas chances de sucesso. Já existem muitos bons livros capazes de informar sobre as origens chinesas e sua trajetória até os dias de hoje. Outros tentam aprofundar "o significado disso tudo". Outros ainda tentam corajosamente prever o futuro da China e seu lugar no mundo. Esses livros vão desde *The coming collapse of China*, de Gordon G. Chang, até *China S.A.* (*China Inc.: how the rise of the next superpower challenges America and the world*), de Ted C. Fishman. Os títulos são bem explícitos.

O objetivo deste livro é bem diferente. Trabalhando com a previsão básica de que a China é e continuará sendo importante para os negócios mundiais, explica também, de modo simples, mas conciso e específico, como identificar e correr atrás de grandes oportunidades empresariais nesse mercado emergente, e como evitar muitas das armadilhas. Quando necessário, também apresentará algumas informações relevantes, necessárias para definir sua postura.

Com o perfil crescente da China, é claro que não faltam pequenas dicas, conselhos especializados e pontos-chaves para o sucesso. Infelizmente, muitas dicas e conselhos vêm de pessoas que se gabam sobre quantas viagens já fizeram à China, assim, muito do que oferecem não passa no "teste do olfato".

As pessoas que realmente sabem o que querem há muito tempo pararam de contar suas viagens. A China é o lugar onde moram e trabalham. É o que sabem e o que fazem. Eu me baseio muito no conhecimetno dessas pessoas, assim como na minha experiência de 18 anos morando e trabalhando na China, reportando problemas grandes e pequenos e escrevendo sobre as amplas mudanças que ocorreram.

Você certamente não encontrará chaves mágicas para encontrar dinheiro fácil ou sucesso instantâneo, mas me esforcei ao máximo para converter minha experiência e entendimento em informações práticas que você pode utilizar para aumentar suas chances de fazer negócios na China de forma tranqüila, bem-sucedida e lucrativa.

Capítulo 1

As oito grandes oportunidades de negócios – os maiores mercados emergentes

Com tudo o que leu e ouviu sobre o *boom* chinês, você deve estar pensando que pode simplesmente chegar a Pequim ou a Xangai, escolher um setor, abrir um negócio e começar a trabalhar. E, que a verdade seja dita, os negócios estão aflorando em diversas indústrias chinesas.

Para quase qualquer *commodity*, produto ou serviço que tenha em mente, você pode pesquisar e encontrar números cujo crescimento durante os últimos anos é capaz de deixá-lo de queixo caído. E mesmo depois de excluir as mais empolgantes e exageradas previsões a respeito dos prospectos da China, ainda terá muitas previsões confiantes – e perfeitamente plausíveis – de crescimento sustentável em um futuro próximo.

Resumindo, apesar de o *boom* chinês às vezes ser objeto de empolgação exagerada, ele não é nenhuma ficção. Como exemplo das estatísticas que chamam a atenção, considere estas:

- A China recentemente incluiu verba no orçamento para a instalação de 81 gigawatts de nova capacidade geradora de energia por ano. Esse acréscimo à já existente grade da China *é maior do que toda a capacidade geradora de todo o Reino Unido.*

- Após aumentar 18% em 2005, o número de chineses usuários da internet cresceu 23% em 2006. Até o começo do referido ano já havia ultrapassado os 137 milhões. É muito mais do que *toda a população do Japão* e mais ou menos a mesma quantidade *da soma das populações da França e do Egito*. Mesmo assim, só representa uma média de inserção de 10,5%.

• E quanto a números realmente impressionantes, veja estes: a China já tem 461 milhões de usuários de celulares. Os clientes de uma única operadora, a China Mobile, pagaram para enviar *cerca de 203 bilhões de mensagens na primeira metade de 2006.*

• Se você acha que é só tecnologia de ponta, está enganado. Em 2005 a indústria de fertilizantes químicos teve um lucro de 64%. As importações chinesas de soja do Brasil *aumentaram em mais de 10.000% na última década.*

Ao se deparar com esses números – e existem muitos outros igualmente impressionantes –, é fácil perder a perspectiva. Mas, além do enorme tamanho e da taxa de crescimento de qualquer setor, existem outras coisas que você deve considerar. Alguns setores já estão relativamente maduros, deixando pouco espaço disponível a novos empresários. Em outros setores amadurecidos, a entrada está aberta, mas o alto custo representa uma constante – e para alguns jogadores, insuperável – ameaça ao lucro.

Em outras áreas, as barreiras colocam as empresas estrangeiras em franca desvantagem. Isso tudo apesar dos compromissos de abertura de mercado que a China assumiu quando, após mais de uma década de trabalhosas negociações multilaterais, se juntou à Organização Mundial do Comércio (OMC) no final de 2001.

No setor de varejo, por exemplo, a China honrou amplamente seus compromissos nacionais, permitindo que firmas estrangeiras abrissem lojas onde quisessem. Mas muitas autoridades locais mantêm suas próprias políticas de planejamento e desenvolvimento, e podem lançar restrições particulares vagas e autoritárias.

Em outros setores, as companhias estrangeiras terão dificuldades de se estabelecer não por causa de barreiras discriminatórias explícitas, mas simplesmente porque a disposição da terra favorece competidores locais. Por meio de trâmites com burocratas locais, as firmas chinesas freqüentemente desfrutam de grandes vantagens de acesso a territórios, crédito bancário ou mesmo suprimentos escassos de energia e água.

Também podem surgir obstáculos no que o governo encara como setores estrategicamente sensíveis. O melhor exemplo disso são as empresas de telecomunicações. Guiado por preocupações de segurança sobre esse elemento vital da infra-estrutura nacional, o governo tem sido lento na abertura para o mercado e na retração de sua supervisão regulamentar das telecomunicações. O resultado disso é que os reguladores nominais da indústria continuam muito envolvidos nas operações de negócio, deixando outras firmas, chinesas ou estrangeiras, na posição inviável de competir com os mesmos burocratas que controlam seu destino.

O MELHOR E MAIS INTELIGENTE

Este item destaca oito dos setores com mais potencial na China – alguns dos quais parecem mostrar crescimento contínuo certo, e também têm uma capacidade de participação estrangeira lucrativa. Algumas das indústrias aqui listadas, como as de telecomunicações e mídias, sofrem com os males já descritos. Mas, em vista de seu tamanho e potencial, aparecem na grade mesmo assim.

Da mesma forma, existem diversas oportunidades de ganhar dinheiro em outras áreas. Produtos agrícolas e alimentícios poderiam ter entrado na lista facilmente. Serviços de educação estão crescendo aceleradamente, assim como viagens e turismo. Nessas e em muitas outras áreas, os aventureiros estrangeiros podem ter acesso a significativas vantagens competitivas sobre rivais locais e podem vender com sucesso no vasto mercado da China. Também não há escassez de áreas nas quais negócios estrangeiros possam vir para a China e reduzir de forma significativa os custos de estoque ou processar operações.

Alguns dos problemas abordados aqui para o contexto de uma indústria também se aplicam a outras. Um exemplo é a seção de biotecnologia, que discute alguns dos prós e contras relativos à mudança de operações de pesquisa e desenvolvimento para a China; muitas dessas mesmas considerações são igualmente relevantes para qualquer companhia da área de indústria química ou de tecnologia de informação que avalie uma decisão desse tipo.

Dois outros setores – varejo e fabricação – estão entre os de maior potencial. Mas, já que são profundamente abordados no capítulo 4, "Vendas e marketing", e no capítulo 6, "O preço da China", respectivamente, não há necessidade de incluí-los aqui.

Juntos, esses setores cobrem boa parte do cenário empresarial chinês. Então, mesmo que o seu negócio não se inclua nesses setores, vale a pena conhecer um pouco mais a seu respeito e sobre as peculiaridades de cada um – sejam pontos positivos ou armadilhas.

Finalmente, apesar de nem ser preciso dizê-lo: nenhuma das áreas abaixo listadas representa uma mina de ouro garantida. Muitas empresas estrangeiras já tentaram investir e fracassaram. Mas elas representam oito das maiores oportunidades que as empresas estrangeiras podem explorar se estiverem bem posicionadas para começar e se fizerem da maneira correta: com cuidado, racionalmente e bem armadas do conhecimento e da compreensão necessários.

1. O setor automotivo
2. O setor médico e de biotecnologia
3. O setor químico
4. O setor de construção e infra-estrutura
5. O setor de energia
6. O setor financeiro
7. O setor de tecnologia de informação/telecomunicações
8. O setor de mídia e entretenimento

Ligue os motores: o setor automotivo

É difícil pensar em um setor que tenha tido um impacto – bom ou ruim – tão grande na China como a indústria automotiva. Novas auto-estradas supermodernas cruzam o país e uma multidão de carros de passeio entope as ruas das cidades chinesas (enquanto os escapamentos, obviamente, poluem o ar).

Possuir um carro se tornou um sonho comum da classe média emergente da China. Tanto em concessionárias do centro como em feiras mais afastadas, pode-se ver famílias chinesas emergentes atraídas pelo *design* dos carros, chutando os pneus, observando os interiores e folheando panfletos. Jovens chineses recém-formados descobrem ao mesmo tempo os incômodos de percorrer o trajeto de casa para o trabalho e as alegrias de viajar de carro nos fins de semana. A bicicleta, antes onipresente, está saindo da moda, e surpreendentemente a janela de uma lanchonete *drive-thru* está entrando em cena. Em resumo, a "cultura automobilística" está florescendo na China, apresentando grandes oportunidades ao comércio estrangeiro.

Muitos ocidentais – todos familiarizados com os aspectos negativos da cultura automobilística – vêm quebrando a cabeça ao pensar por que a China escolheu esse caminho. Em vez de cometer os mesmos erros que tantos outros países cometeram, não seria melhor para a China investir em transportes coletivos em vez de auto-estradas? As cidades chinesas (e seus arredores) não estariam melhores se as pessoas fossem estimuladas a continuar andando de bicicleta, como faziam há décadas? Sabendo como a adesão aos carros levou diversos países desenvolvidos à dependência do petróleo, à poluição do ar e ao caos urbano, por que a China seguiria os mesmo passos?

Bem, o governo central teve as suas razões e tinha um projeto. Os planejadores compreendiam perfeitamente que o advento do carro transformaria a paisagem chinesa. Mas eles também sabiam que teria o poder de transformar a economia, exatamente o que queriam. No começo dos anos 1990, o governo chinês resolveu estabelecer a fabricação de carros na chamada Indústria Pilar, que iria – por si só – servir como suporte central para dúzias de outras.

Com essa decisão de nutrir a indústria automotiva e tornar o carro um elemento acessível às pessoas, a China esperava produzir estímulo econômico, criar empregos e promover crescimento em indústrias de aço, vidro, borracha, energia e construção. Essas, por sua vez, estimulariam a demanda de extração e de processamento de *commodities* relacionadas, como minério de ferro, alumínio, cimento e outras. Além de tudo isso, haveria a emergência de todo um setor de serviço automotivo que incluiria desde postos de gasolina, oficinas mecânicas e lava-jatos até redes de distribuição, assim como financiamento e empresas de seguro.

A lógica parecia fazer sentido na época, e teve um amplo sucesso nos anos seguintes. A China já se tornou o terceiro maior mercado mundial de carros, depois dos Estados Unidos e do Japão, e isso foi atingido com taxas de penetração relativamente pequenas. Até 2006 a China só tinha oito carros de passeio a cada mil pessoas. Isso se compara a taxas que variam de 400 a 600 a cada mil em países desenvolvidos.

Com números como esses, não é surpresa que quase todos os grandes fabricantes de automóveis do mundo já tenham entrado na China, e alguns fizeram apostas bilionárias para garantir um lugar. A lógica da "necessidade de estar na China" provavelmente é mais apelativa nesse setor do que em qualquer outro.

Enquanto gigantes globais fizeram parcerias em *joint ventures* com os melhores e maiores produtores locais da China, os padrões de qualidade e competitividade cresceram. Seus padrões mais elevados, por sua vez, forçaram melhoras na qualidade das empresas de autopeças chinesas – tanto que as firmas estrangeiras, que hesitavam em obter peças-fontes ou componentes na China por temer a qualidade, devem reconsiderar sua posição.

Outro resultado direto do aumento de competitividade é que a indústria automotiva chinesa, altamente fragmentada, está sob forte pressão para se consolidar. Ao final de 2005 a China tinha 145 produtores de veículos e mais de 4.300 fabricantes de peças. A esses somaram-se quase 1.800 empresas automotivas ligadas a atividades como produção de motores e reparo de veículos. Esses números já foram ainda maiores. Recentemente, as firmas menos eficientes ou menos viáveis faliram ou foram devoradas. Uma alta proporção dos remanescentes ainda não têm escala, capital ou especialização técnica ou de gerenciamento necessários para obter êxito, e não há dúvida de que nos próximos anos ocorrerá uma redução ainda mais drástica de empresas.

Portanto, um primeiro passo, vital para qualquer estrangeiro envolvido em qualquer aspecto da indústria automotiva na China, é observar de modo cético e realista os fornecedores ou parceiros em potencial. Simplificando, eles têm condições de sobreviver à rejeição maciça que está prestes a abalar essa indústria? Ter de cara a resposta correta a essa pergunta pode prevenir despendiosos projetos infrutíferos e atrasos pelo caminho.

Uma conseqüência bastante previsível da saturação do setor automotivo chinês tem sido os preços mais baixos e as margens mais estreitas. O inegável potencial desse mercado a longo prazo significa que todas as empresas estrangeiras, que atualmente se acumulam, provavelmente têm razão ao concluir que precisam estar na China. Mas também existe uma inegável realidade a essa altura: os lucros não estão acompanhando o ritmo acelerado das vendas.

A venda de automóveis de passeio na China em 2005 totalizou cerca de 4 milhões de unidades, um aumento de 21,4% sobre o ano anterior. Mas com uma redução de preços tão agressiva, isso se traduziu em apenas 1% de aumento do lucro de vendas. Somando tudo, o resultado foi um declínio de 30% nos lucros (fabricantes de motocicletas, com um modesto aumento de 5,5%, estão no único segmento da indústria que viu algum crescimento lucrativo em 2005).

O recado para empresários estrangeiros desse ramo é claro: você pode precisar estar na China nos estágios iniciais para marcar presença, construir *market share* (participação no mercado) e simplesmente evitar "perder o barco", mas precisará ter paciência no que se refere a enxergar lucros. A maioria dos analistas acredita que o excesso de produção e as pressões para o declínio de preços continuarão fazendo parte da história automobilística da China por um longo tempo.

Liderando o setor automotivo

O capítulo 4 se aprofundará nas peculiaridades do comércio automotivo na China. Mas, independentemente de como os vencedores e os perdedores se consolidam entre os gigantes globais que hoje lideram, o setor automotivo chinês também gera muitas oportunidades para qualquer um que queira acompanhar os líderes através de uma grande variedade de produtos e serviços relacionados.

A demanda por serviços eletrônicos de navegação, por exemplo, começou a decolar. Os sistemas de satélite já estão disponíveis e sua popularidade cresce cada vez mais na China. Os chamados serviços LBS (*location-based system*), que utilizam a capacidade das redes telefônicas para apontar a localização de um motorista e oferecer suporte de navegação, estão emergindo. Avaliado em cerca de 28 milhões de dólares em 2005, o mercado de LBS chinês deve alcançar trezentas cidades e se multiplicar a um valor de 656 milhões de dólares até 2008.

O financiamento de automóveis representa outro campo de grande potencial. Atualmente, só cerca de 10% dos compradores chineses de automóveis fazem empréstimos para suas aquisições. A China vai demorar muito para atingir o nível de 70%, comum nos mercados mais desenvolvidos, mas não há dúvida de que é nessa direção que ela está caminhando.

Uma razão para essa diferença é a grande aversão geral do país a empréstimos ao consumidor. Ao contrário do vasto número de americanos que não têm qualquer problema com a filosofia de "compre agora e pague depois", muitos chineses relutam em assumir dívidas, principalmente para compras que não são fundamentais. Mas essa atitude tradicional já vem apresentando sinais de mudança.

Outro fator consiste nos sistemas de rastreamento de históricos de crédito, de avaliação de risco e credibilidade, que são muito pouco desenvolvidos na China. Em grande parte por causa dessas deficiências, os primeiros a ingressarem no mercado de financiamento de carros na China não prosperaram muito. Mas esses sistemas estão se desenvolvendo, e, dessa forma, espera-se que o volume e a lucratividade do setor de financiamento de automóveis cresçam. Apesar de grandes fabricantes internacionais de automóveis já terem obtido permissão para estabelecer subsidiárias de suas próprias financiadoras, boa parte das regras restringem suas operações a um único local. O campo, entretanto, permanece muito aberto.

As oportunidades são abundantes em outros campos relacionados. Por exemplo, a Administração Estatal de Proteção Ambiental (SEPA – State Environmental Protection Administration) emitiu novas regulamentações em 2006, exigindo altos padrões de reciclagem e recuperação para o desmanche de carros velhos. A recuperação de material, que hoje atinge cerca de 20%, chegará a 90% até 2017. É provável que a China precise de bastante tecnologia e especialização estrangeira antes de se aproximar desse objetivo final.

Existem também as oportunidades menos óbvias. Um bom exemplo de uma empresa americana que descobriu um caminho criativo para entrar no crescente setor automotivo da China é o eChinaCash. Presidida por Peter Norton (do software de antivírus Norton), a empresa se uniu à Sinopec, o maior revendedor de gasolina da China, para administrar um programa de lealdade do consumidor baseado em um cartão de combustível.

A idéia é muito simples. Os clientes pagam um valor adiantado que fica registrado em um cartão pessoal utilizado para pagar o combustível e ganhar pontos na vasta rede de 30 mil lojas Sinopec. A eChinaCash ganha uma pequena fração de cada transação. A Sinopec, por sua vez, se beneficia de uma gerência melhorada de seus recibos de pagamento e de um mecanismo importante para ganhar a lealdade dos clientes.

Ao descrever o empreendimento no luxuoso escritório da eChinaCash no centro de Pequim, Norton se animou ainda mais ao atingir o cerne da questão. "Temos todos esses dados", disse ele, "com potencial para garimpar informações e entender melhor os clientes, servi-los melhor, fazer a propaganda adequada para eles, descobrir quem compra que tipo de combustível e em quais quantidades. Eles estão comprando em vários lugares ou sempre nos mesmos?"

Analisando esses dados, a eChinaCash trabalha com a Sinopec para fazer campanhas publicitárias mais direcionadas. Essencialmente, ela funciona como o departamento de marketing interno da Sinopec. Para Norton, tudo vem sob a rubrica de trazer a especialidade ocidental em "capitalismo de consumo avançado" a uma empresa chinesa que muito necessita disso, e o faz no momento certo.

"Há dez anos estaríamos entrando nisso cedo demais, e daqui a dez anos todas as empresas chinesas já estarão fazendo isso, recolhendo dados e utilizando-os de maneira produtiva", diz Norton.

Do ponto de vista da Sinopec, uma grande empresa tradicional da China muito reconhecida, juntar-se a um parceiro dessa nova economia como a eChinaCash não foi uma escolha intuitiva. Mas, de acordo com o presidente e CEO (Chief Executive Office) da eChinaCash, Andrew Beck, essa aparente dissonância foi na verdade a chave para fazer com que tudo acontecesse, pois isso significaria que a eChinaCash jamais viria atrás do negócio principal da companhia de petróleo. Em vez de pegar um pedaço do bolo da Sinopec, a eChinaCash prometeu trazer uma calda para acrescentar.

"Teria sido muito difícil para o governo chinês permitir que a Sinopec se aliasse a uma grande empresa de petróleo ocidental", disse Beck.

Bom para o que te aflige: o setor médico e biotecnológico

Na primavera de 2003, boa parte da China foi afetada por uma epidemia de SARS[1]. Doença misteriosa e altamente contagiosa, semelhante à pneumonia, ocorreu primeiramente no Sul da China e depois se espalhou pelo mundo, causando pânico, afetando a economia e provocando mais de 800 mortes antes de ser finalmente controlada.

---

1 - SARS (do inglês Severe Acute Respiratory Syndrome) ou Síndrome Respiratória Aguda Grave. (N. E.)

Uma cidade particularmente afetada foi Pequim, que acabou se reduzindo a uma quietude tensa e angustiante. As pessoas usavam máscaras de proteção e evitavam locais públicos por medo de contrair a doença ou simplesmente por se encontrarem do lado errado de uma barreira de quarentena.

Na época, a maneira desastrada como o governo chinês lidou com a epidemia acabou por atrair boa parte da atenção do mundo. As autoridades chinesas perderam muito tempo tentando esconder o problema, impedindo, dessa forma, o progresso dos esforços de contenção da epidemia. Com isso, a credibilidade do governo chinês acabou minando aos olhos dos próprios cidadãos chineses e do resto do mundo.

Abordadas mais detalhadamente no capítulo 5, as questões da transparência e da credibilidade intrínsecas à falta de habilidade do governo em lidar com a SARS são muito importantes. Mas até a poeira baixar e a crise ser superada, outra questão crucial surgiu: o sistema de saúde chinês foi abalado, pois houve muitas vítimas, e precisava de ajuda – inclusive ajuda do tipo que oferece oportunidades a empresas estrangeiras de medicina e biotecnologia.

É claro que as empresas estrangeiras já eram ativas nesse setor há anos. (Aliás, para esclarecer, devo mencionar aqui que a Chindex International, co-fundada pela minha esposa, Roberta Lipson, foi uma das primeiras empresas americanas a entrar nesse setor e permanecer líder, oferecendo equipamentos médicos importados e operando em hospitais de *joint venture* na China.)

Alguns dos primeiros e maiores investimentos estrangeiros no país foram feitos por empresas farmacêuticas americanas ou européias, e o setor justificou amplamente seu otimismo. As vendas farmacêuticas na China operadas pelas dez maiores multinacionais vêm crescendo a uma média anual de cerca de 15% desde 1999. É um dos setores mais diretamente ameaçados por violações de marca e de copyright chineses – há mais detalhes no capítulo 2. Apesar da ameaça, é um mercado que espera atingir o valor de 25 bilhões de dólares até 2010.

Enquanto isso, os ricos hospitais de elite das grandes cidades chinesas vem há tempos comprando os melhores e mais modernos equipamentos importados. O orçamento de hospitais mais modestos é bem menor, e os das áreas rurais sofrem com falta de recursos básicos. Mas nas cidades chinesas, a maioria dos hospitais são adequadamente equipados.

Aliás, as deficiências do sistema de saúde salientadas pelo drama da SARS têm pouca relação com a falta de equipamentos, ou, vale dizer, com qualquer deficiência de treinamento ou incapacidade técnica dos médicos chineses. O problema está na natureza do sistema, no fraco gerenciamento, na eficiência e nos padrões de serviço.

Não é difícil compreender por que o sistema se desenvolveu dessa maneira. Por se tratar de um país socialista, durante décadas a China ofereceu cuidados médicos como um benefício social, e, ao mesmo tempo que os consumidores gastavam muito pouco ou nada para obtê-los, eram obrigados a utilizar os serviços médicos de um lugar específico, sem possibilidade de escolha.

Hoje em dia, a maioria dos chineses pode escolher onde gastar o dinheiro destinado à saúde, e aonde quer que cada cidadão vá, pode exigir qualidade e satisfação – às vezes até agressivamente. No passado, recebiam qualquer sistema de saúde que lhes fosse oferecido passivamente e torciam pelo melhor resultado.

Mas agora, após se adaptarem ao forte choque de ter de assumir gastos com saúde, essa passividade mudou drasticamente. Ao gastarem o próprio dinheiro em vez do dinheiro estatal, as pessoas passaram a exigir resultados. Muitos médicos chineses chegaram a ser fisicamente agredidos por pacientes e familiares após resultados insatisfatórios. Os pacientes também não hesitam em processar ou em apresentar queixas por conduta inadequada. Qualquer um que ofereça serviços médicos na China precisa estar a par dessa nova tendência agressiva, pronto para responder.

Essas novas e exigentes atitudes dos consumidores já estão forçando algumas melhoras no sistema de saúde – mas nos hospitais estatais, por uma série de complexos motivos, as reformas chegam com demasiada lentidão. O desempenho persistentemente fraco do sistema de saúde da China tem sido uma grave fonte de frustração para muitos. Em rara admissão de fracasso de uma política, o próprio governo reconheceu, em 2005, que seus esforços para reformar o sistema simplesmente não estavam funcionando. Esse quadro apresenta grandes oportunidades para empresas estrangeiras equipadas oferecerem resultados melhores.

Crescendo 13% anualmente desde 1990, os gastos em saúde na China ainda representam menos de 5% do PIB nacional. E se não há motivo para acreditar que esse índice algum dia vá atingir o nível anormal de 16% que vemos nos Estados Unidos, também não há motivo para duvidar que ele em breve se aproxime dos 8% típicos de outros países desenvolvidos. Alguns analistas preveem que a indústria de saúde da China se iguale à americana até 2020. Em 2005, as importações chinesas de produtos médicos somavam quase 12 bilhões de dólares, um crescimento percentual de 18,5% em relação ao ano anterior.

Nem todas as oportunidades para empresas estrangeiras estão no setor de vendas. A China também pode ser um local potencialmente atraente para operações biotecnológicas e de pesquisa e desenvolvimento, pelo menos para empresas que analisam cuidadosa e realisticamente suas razões.

O ambiente regrado da China oferece potencial vantagem, mas as empresas ocidentais precisam ter muito cuidado ao se inserir aqui. As coisas são muito mais flexíveis no que se refere às regras de pesquisas clínicas. As exigências dos pacientes são menos impositivas; as pesquisas com animais têm regras mais brandas (e praticamente não se vêem protestos em favor dos direitos dos animais); as pesquisas envolvendo células-tronco, tecido embrionário ou coisas do tipo não são nem um pouco polêmicas. Enquanto a maioria das empresas ocidentais relutariam a atuar na China num padrão inferior ao do seu local de origem, o fato é que aqui encontram menos empecilhos.

O custo reduzido representa outra razão óbvia para introduzir pesquisa e desenvolvimento biotecnológico nesse país. Instalações laboratoriais, talento científico e despesas em geral podem ser significativamente mais baratos. De acordo com uma pesquisa industrial, cientistas chineses repatriados após educação no Ocidente podem ser contratados na China por 30% a menos do que uma pessoa com formação semelhante que trabalhe no Ocidente. Cientistas chineses educados na China, é claro, podem ser contratados por menos ainda.

Mas tais economias podem ser facilmente perdidas de outras formas, incluindo os gastos com a importação de equipamentos sofisticados ou suprimento de pesquisa, ou ainda com o custo de envio e manutenção de equipe ocidental. Existem também custos intangíveis ligados a exigências burocráticas e aos conflitos naturais de operações interculturais. Se a redução de gastos for o único objetivo, essas questões devem ser consideradas e cuidadosamente avaliadas.

Além dos cálculos de custo, existem outras desvantagens em potencial. No fim dos anos 1990, um executivo me contou em primeira mão a respeito de suas dificuldades ao chegar em Pequim, para onde foi mandado por uma das maiores empresas farmacêuticas do mundo com o objetivo de montar uma operação de pesquisa. O que ele encontrou foi uma ciência pobre, uma política acadêmica desorganizada e imensa frustração.

Seus pesquisadores chineses, disse ele, pareciam menos interessados na verdade e na precisão, e mais interessados em oferecer o que achavam ser os resultados desejados. Se um composto estivesse sendo testado para ver se podia diminuir a pressão sanguínea, por exemplo, seus pesquisadores adulteravam os resultados para mostrar que funcionava.

"Eles não pareciam entender que, para nós, estabelecer que algo *não* funcionava era tão valioso quanto o contrário. Isso tudo faz parte do processo de investigação, mas o que eles faziam, em vez de investigar, era tentar nos oferecer resultados positivos", disse ele.

O executivo rastreou alguns de seus problemas até chegar a um erro tático que cometera no princípio. Decidido a não fazer economias e executar as coisas direito, optou por trabalhar com os melhores chineses em qualquer campo, presumindo que os diretores e principais pesquisadores de qualquer desses departamentos seriam melhores e mais bem-sucedidos. Mas, em vez disso, ele se viu trabalhando com pessoas que tinham mais sucesso na política e em dissidências burocráticas internas, e cujas habilidades científicas estavam enferrujadas ou simplesmente inexistiam.

As coisas melhoraram desde então. Ao falar sobre as experiências de pesquisa e desenvolvimento de sua empresa na China, Dan Varsella, CEO do gigante farmacêutico suíço Novartis, conhecia as mesmas armadilhas, mas parecia vê-las desaparecer pelo espelho retrovisor.

"O custo por cada pesquisador individual é menor aqui, mas eu investigaria a qualidade", Varsella contou-me no final de 2004. "Não parece ser muito produtivo contar com vários colaboradores que não custam tanto se eles não estiverem fazendo um bom trabalho. Este, no entanto, não é o caso agora. A qualidade dos que trabalham aqui vem aumentando constantemente, e agora já temos algumas pessoas muito bem qualificadas. Por causa da Revolução Cultural houve uma espécie de buraco no treinamento, que afetou a geração mais velha desse campo."

"Mas essas pessoas agora estão avançando", continuou Vasella, "e estão sendo substituídas por uma geração mais nova, que é muito bem treinada e conta inclusive com pessoas que estudaram fora. "Novartis", disse ele, "planejava quadruplicar o número de pacientes chineses em testes clínicos em dois anos."

Além dessas melhorias, existe uma outra consideração – uma que explica por que o outro executivo, apesar de toda a frustração que encontrou, optou por dar prosseguimento à sua operação de pesquisa e desenvolvimento na China. O objetivo de sua empresa não era o que o programa poderia gerar em termos de ciência ou de redução de custos, mas uma maneira de estabelecer presença na China em longo prazo.

Um recente estudo conduzido pelo Boston Consulting Group (BCG) aconselhou outras empresas a considerarem a mesma lógica estimulante. "Ao investir mais nas áreas mais complexas de pesquisa e desenvolvimento na China", aconselhou o BCG, "uma companhia farmacêutica internacional pode afirmar seu comprometimento com o mercado chinês e fortalecer suas relações com formadores de opinião chaves e com autoridades de lá – aumentando assim as suas chances de participar do mercado de saúde chinês que está se formando agora".

Boa química? O setor químico

Não deve ser encarado com nenhuma surpresa o fato de que a China está aparecendo de forma destacada nas telas de radar das principais indústrias químicas do mundo. A demanda chinesa por esses produtos está crescendo de forma acelerada, e, ao mesmo tempo, muitos dos grandes clientes globais da indústria – têxtil, automotiva e de eletrônicos – estão cada vez mais operando na China. Então, seja química para *commodities* ou química especializada, seja para abastecimento interno ou para a exportação de bens, a "fome de química" da China está crescendo.

A fração chinesa de demanda química global cresceu de 15% em 2004 para estimados 20% em 2006. E esse índice só pode aumentar se, conforme alguns analistas prevêem, a parte chinesa da fabricação global continuar movimentando seus atuais 8% em sentido crescente para chegar a um esperado nível de 25% até 2025.

A maioria das indústrias precisa equilibrar suas expectativas com uma necessária e importante cautela – ressalta-se que apenas uma fração da vasta população da China tem, neste momento, poder aquisitivo suficiente para ser considerada potencial consumidora. Mas, no que se refere a químicos, os cálculos são um pouco diferentes. Químicos são utilizados em quase tudo. Então os usuários finais que aumentam a demanda não estão restritos aos novos compradores afluentes de carros e produtos luxuosos na China.

De acordo com Jörg Wuttke, da gigante química alemã BASF, a China agora está entrando em um "belo ponto de desenvolvimento demográfico", já que anualmente cerca de 10 a 15 milhões de pessoas se mudam do campo para as cidades.

"Essas pessoas estão passando de um salário de 100 euros por ano para um de 100 euros por mês, isso é uma diferença e tanto", disse Wuttke, gerente-geral da BASF China Company Ltd. "Quando chegam a esse nível, passam a querer sapatos diferentes, papel de parede diferente e começam a querer comprar eletrônicos."

Essa onda de urbanização, Wuttke previu, vai dar um pontapé inicial no consumo químico pelos próximos três a cinco anos. "E não serão só as Pequins e Xangais da China, serão lugares como Benxi, Anshan, e Dandong", disse ele, citando nomes de cidades chinesas de menor porte que não recebem a devida atenção dos comerciantes ocidentais.

Mesmo na indústria química, no entanto, nem tudo é uma maravilha. Assim como em outros setores, às vezes o mercado chinês dá e às vezes ele tira. As empresas químicas chinesas estão melhorando constantemente sua qualidade e eficiência e adquirindo competitividade, especialmente com alguns químicos especializados. Então, além de evitar esses potenciais concorrentes no mercado global, as empresas químicas estrangeiras estão enfrentando outro desafio significativo. Muitos de seus principais clientes internacionais, ao mudarem suas instalações de produção para a China, ficarão cada vez mais tentados a arrumar suas fontes com a concorrência local.

O setor também enfrenta a incipiente ameaça do excesso de produção e das margens em declínio – "na China todo mundo parece estar cultivando químicos", disse Wuttke. Aliás, assim como a indústria automotiva, a indústria química local é muito fragmentada, com muitos produtores pequenos e ineficientes sendo eliminados o tempo todo.

Uma preocupação específica da indústria química, evidentemente, é a segurança, e na China o cenário nem sempre é dos melhores. Durante décadas as considerações relativas à segurança e ao meio ambiente foram tratadas como preocupações secundárias, já que em primeiro lugar vinham o crescimento e a produção. Um vazamento químico no Rio Songhua provocou manchetes em 2005 ao envenenar a água que abasteceria milhões de moradores ao longo do rio, inclusive alguns do outro lado da fronteira com a Rússia.

Assumindo o posto após esse episódio, o novo ministro da Proteção Ambiental, Zhou Shengxian, advertiu que cerca de 100 plantas do setor químico representavam ameaças à segurança. Durante muito tempo, Zhou afirmou, a filosofia chinesa foi "poluir e destruir para depois legislar".

As empresas ocidentais que se incluem nesse setor precisam ser extremamente cautelosas quanto a possíveis dívidas ou obrigações financeiras ligadas a empresas locais com as quais façam parcerias. Quanto ao aspecto positivo, as empresas estrangeiras são muito mais experientes e mais bem posicionadas do que as concorrentes chinesas no que se refere a acatar e respeitar as regras ambientais. Por sua vez, as empresas chinesas logo deixarão de escapar impunemente à falta de qualidade de seus produtos.

Construindo para o sucesso: o setor de construção e infra-estrutura

Enquanto caminhava pelo centro do distrito financeiro de Pequim, durante o intervalo de uma reunião para outra, num dia frio de 2005, ocorreu-me que deveria ser a mesma sensação que andar pelas ruas de Nova York durante os anos 1930. Minha pequena caminhada foi uma verdadeira maratona de obstáculos por calçadas provisórias entre áreas em construção. A poluição sonora vinha de todos os lados – de cima, de baixo e dos arredores. Alguns dos projetos eram enormes, prédios gigantescos quase prontos. Outros ainda eram apenas buracos no chão, bases cavernosas esperando para serem preenchidas. Aqui em Pequim, pensei, eu estava testemunhando um trabalho em progresso semelhante ao de Nova York setenta anos antes; seria incrível quando ficasse pronto – presumindo-se, é claro, que a cidade inteira não afundasse sob uma grande massa de concreto, aço e vidro.

E não é só Pequim. Da poeira que preenche o ar aos guindastes que marcam a silhueta de tantas cidades chinesas, as provas do *boom* do setor de construção estão em todo lugar. Prédios residenciais. Hotéis. Edifícios empresariais e shoppings. Aeroportos, fábricas e usinas. A lista continua.

Conforme um funcionário da administração Bush recentemente testemunhou perante um comitê do Congresso, há quinze anos a China vem construindo 4,3 bilhões de metros quadrados de espaço por ano – o equivalente bruto a mil torres da Sears. De acordo com uma estimativa do Banco Mundial, a China vai ser responsável pela construção de metade dos novos prédios de todo o mundo até 2015.

Em toda a nação, o investimento em construção e instalação em 2004 totalizou 517 bilhões de dólares. Evidentemente, nem todos esses negócios podem ser executados por empresas estrangeiras – aliás, longe disso. Um relatório de 2001 do Trade and Development Council de Hong Kong estimou que 15% do setor era acessível à participação estrangeira na época em questão.

Mesmo nesse nível, entretanto, o pedaço do bolo disponível em 2004 consistia em mais de 77 bilhões de dólares. Mas desde que se juntou à OMC, no fim de 2001, o acesso de mercado para estrangeiros melhorou significativamente. Enquanto isso, o bolo continua crescendo: os índices de investimento em 2004 apontavam um aumento de 208% em relação a quatro anos anteriores.

Enquanto concorrem por esses negócios com construtores locais e fornecedores de equipamentos, as empresas estrangeiras encaram sérias desvantagens. E, não menos importante, elas não se encontram em posição muito favorável no que se refere a competir de forma igual por conexões pessoais e profissionais – que as empresas locais possuem com autoridades de governos municipais que controlam boa parte dos gastos com infra-estrutura no país. De fato, muitas construtoras da China operam diretamente sob a administração das cidades.

As empresas estrangeiras também sofrem para atender às duras exigências que devem ser cumpridas por quem deseja se qualificar para realizar projetos maiores. Elas devem comprometer somas significativas de capital registrado e manter uma equipe de nível quase inatingível.

Mas também há algumas vantagens. Para começar, muitos projetos caros são comissionados por subsidiárias chinesas de corporações multinacionais que precisam se conformar aos padrões de qualidade dos países-sedes. Essas corporações internacionais podem ter dúvidas quanto à competência dos construtores locais para atender a esses níveis de exigências. Elas também podem preferir negociar com empresas ocidentais com as quais já tenham trabalhado em outros mercados.

Com uma margem mais ampla de serviços, as empresas de construção estrangeiras têm outra vantagem em potencial: as empresas locais tendem a ser muito especializadas. Algumas oferecem serviços de design e engenharia, outras lidam com aquisições, e ainda há as que fazem gerenciamento de projeto e construção em si. As empresas de construção estrangeiras, mais diversificadas, têm portanto um limite distinto com clientes em potencial que desejem um projeto com uma abordagem mais integrada.

As empresas estrangeiras têm mais condições de atender aos padrões ambientais cada vez mais exigentes. Tanto em âmbito local quanto em âmbito nacional, o governo chinês tem promovido inciativas extremamente necessárias de "construções verdes", e as empresas chinesas, de maneira geral, estão muito atrás das estrangeiras no que diz respeito a oferecer os melhores equipamentos, materiais e especialização para isso. Empresas como Carrier, Honeywell, Siemens e General Electric já estão no cenário, oferecendo tecnologias energéticas eficientes e que economizam água, mas há bastante espaço para outras.

Muito se fez com o potencial ligado às Olimpíadas de 2008 de Pequim. Ao mesmo tempo que existem muitas oportunidades em marketing e no setor de serviço, a abertura se fechou cada vez mais na medida em que os jogos se aproximavam, e, no que se refere à série de construções olímpicas, já é tarde demais. Mas a oportunidade é bem melhor para um *boom* semelhante em Xangai, que está se preparando para receber a Expo Mundial de 2010. A cidade espera receber 70 milhões de visitantes entre maio e outubro e está determinada a impressioná-los com sua nova arquitetura.

Além de todos os prédios cintilantes, a China também está gastando bilhões em sua infra-estrutura de transporte. Se Pequim lembra a Nova York dos anos 1930, então o atual esforço chinês em construir estradas só pode ser comparado à construção do sistema de auto-estradas interestaduais nos Estados Unidos dos anos 1950.

Como outro produto da estratégia do pilar industrial automotivo, o país vem construindo estradas em escala impressionante. De 2000 a 2004, a China dobrou o comprimento de suas principais auto-estradas para 33 mil quilômetros, e os planos atuais vão exigir que sejam novamente dobrados até 2020. Alguns experts duvidam que isso seja suficiente para satisfazer à demanda de estradas.

Como grande parte das principais cidades chinesas já estão ligadas por extensas auto-estradas, o governo agora trabalha para estender as linhas de asfalto a mais de 750 milhões de residentes rurais. Tanto nas regiões rurais a uma hora de Pequim como nas longínquas montanhas do sudoeste da Província de Yunnan, visitei cidades que se transformaram completamente ao se conectarem por meio de estradas. Ao conectar mais áreas como essas ao resto da China e ao resto do mundo, essa iniciativa vai gerar, a longo prazo, um enorme impacto financeiro nas economias locais ao longo do país.

A curto prazo, trará grandes oportunidades a fornecedores de equipamentos estrangeiros. Morgan Stanley espera que o governo gaste cerca de 148 bilhões entre 2006 e 2010 nesse esforço de construção de estradas, com boa parte do dinheiro sendo destinada a fornecedores de material de construção e construtores.

Com o volume de trocas crescendo tão rapidamente, não chega a ser surpresa que os portos e ferrovias chineses também continuem absorvendo investimentos. Os portos, que há muito vêm sendo receptivos à participação estrangeira, continuam a se expandir, atingindo padrões de eficiência impressionantes.

As ferrovias, em contraste, sempre foram notavelmente fechadas à participação estrangeira. O sistema ferroviário também recebeu menos dinheiro do governo; as auto-estradas, em 2004, receberam ao menos cinco vezes mais. Não coincidentemente, as ferrovias tiveram um desempenho fraco, falhando em acompanhar as crescentes demandas e acumulando entregas atrasadas com freqüência.

Encorajado pela maneira como a participação estrangeira ajudou a melhorar os setores de estradas e portos, o governo fez algumas investidas no final de 2005 para abrir também o setor ferroviário. Para o período de 2006–2010, encomendou quase 10 mil quilômetros de novos trilhos, mais que o dobro da média anual dos dez anos anteriores.

Em infra-estrutura não ligada a transportes, os projetos de água – tanto em termos de tratamento quanto de abastecimento

– proporcionam também grandes oportunidades. A China, que nunca teve abundância de água, vem sofrendo há anos com a escassez, especialmente no norte do país.

Grande parte do problema da falta de água está relacionada às políticas de preços. Até o fim dos anos 1980 ninguém pagava pela água, e em conseqüência disso ninguém nunca teve qualquer estímulo para conservá-la. Enquanto hesita em pressionar fazendeiros e indústrias aumentando as taxas muito rapidamente, o governo já começou a taxar esse escasso recurso mais racionalmente, fazendo intensos investimentos nesse setor economicamente viável.

Poder crescente, perspectivas brilhantes: o setor de energia

Ao longo dos últimos dez anos, o governo chinês vem passando por imensas dificuldades tentando atender às necessidades energéticas da nação, e o fato de ter tratado a questão de forma incorreta causou uma série de problemas. De fato, essa tarefa é complicada em qualquer lugar, e eventualmente já recebeu tratamentos inadequados até mesmo nos Estados Unidos, onde os mercados são maduros, o crescimento é modesto e amplamente previsível e as oscilações são quase sempre atribuídas a variações meteorológicas.

Mas considere todas as variáveis existentes na China. O crescimento econômico tem se mantido há anos em dígitos duplos ou acima deles. Os preços e políticas reguladoras são constantemente alterados; e novas indústrias estão surgindo por todos os lados do país. Os padrões de consumo mudam constantemente e os trabalhadores – dezenas de milhões deles

– migram maciçamente de uma região para outra. Com todas essas variáveis, torna-se muito difícil para os planejadores chineses preverem quanta energia será necessária e onde.

As companhias estrangeiras do setor de energia enfrentam um dilema semelhante, e – dado o alto custo de investimento em novas instalações de refinaria, geração de capacidade ou redes de transmissão – também enfrentam grandes riscos. Mas, com tanto potencial em jogo, elas estão bem preparadas para correr riscos. Empresas estrangeiras como a Aramco – a gigantesca companhia petrolífera saudita – e a ExxonMobil já investiram bilhões na China.

De quanta energia a China precisa? Os planejadores do governo contaram com um aumento anual de 5% ao ano da demanda de energia entre 2001 e 2005, e, quando a demanda desses anos cresceu duas vezes mais rápido que o esperado, os fornecedores de energia foram pegos de surpresa. Por toda a China as cidades sofreram apagões, com freqüentes cortes de suprimento tanto em residências quanto em fábricas. De fato, muitas fábricas tiveram de investir em seus próprios sistemas de geração de energia a diesel para se protegerem contra os apagões intermitentes. Depois de aumentar a capacidade energética nos últimos anos, a China conseguiu resolver boa parte dos problemas de escassez. Com ainda mais capacidade sendo desenvolvida, também emergiu uma pequena preocupação com uma potencial escassez. Mas a maior probabilidade é de um crescimento de demanda rápida e sustentável, trazendo consigo grandes e variadas oportunidades em todo o setor energético.

Per capita, a China agora consome apenas cerca de um sétimo da eletricidade gasta pelos Estados Unidos. Mas, enquanto o índice americano dificilmente se altera, o da China cresce rapidamente. Esse mesmo "ponto de desenvolvimento demográfico" que Jörg Wuttke, da BASF, acredita aumentar as vendas químicas, tende a aumentar também o consumo de eletricidade. Para boa parte dos 10 a 15 milhões de pessoas que migram a cada ano do campo para a cidade, a mudança significará possuir uma geladeira pela primeira vez. A seguir virão aparelhos eletrônicos de todos os tipos, principalmente os de ar condicionado, que consomem muita energia.

Além disso, a nova demanda de energia não virá somente daqueles que só agora contam com aparelhos eletrônicos. Também há uma recente demanda que se construiu durante os últimos anos de estoque de eletricidade. Muitas pessoas que há tempos têm condições financeiras e vontade de comprar aparelhos de ar condicionado só o farão se tiverem certeza de que terão energia necessária para utilizá-los.

Ainda existem 30 milhões de pessoas na China que não têm acesso à eletricidade, mas a maioria logo terá. Até 2010, a China planeja investir cerca de 75 bilhões em novas plantas para o setor energético e outros 100 bilhões na expansão e na melhora do sistema de transmissão.

Principalmente por causa dos controles de preço estabelecidos pelo governo, as empresas estrangeiras têm tido problemas em lucrar com a geração de energia na China, e a maioria delas já desistiu de tentar. Mas com todo esse gasto planejado, as perspectivas são muito boas para negócios em serviços de engenharia e venda de equipamentos.

Confiando em sua própria abundância de recursos de carvão para cerca de dois terços de sua geração de energia, a China está particularmente interessada em absorver tecnologia de carvão limpo de fornecedores estrangeiros. Esta é claramente uma área com um dos melhores potenciais de longo prazo para empresas estrangeiras, principalmente porque boa parte dos especialistas espera que o carvão domine o setor de energia na China nos próximos 25 anos.

Apesar de muitos ocidentais céticos duvidarem de que a China alcance seus objetivos, o país prometeu aumentar os renováveis a 15% do total de sua energia até 2020. Se falhar, não será por falta de tentativa. O governo está destinando 184 bilhões de dólares para essa causa e sabe que boa parte desse dinheiro irá para empresas estrangeiras.

Se atualmente as empresas estrangeiras desempenham um papel de destaque no setor de energia da China, nem sempre foi assim. Há vinte anos, uma China auto-suficiente em energia era grande exportadora tanto de carvão quanto de petróleo cru, e, com exceção de algumas turbinas importadas, havia pouquíssimo envolvimento ocidental no setor.

Em 1993, a China se tornou uma importadora de petróleo, e até 2003 seu consumo diário já havia aumentado para 6,5 milhões de barris, ultrapassando o Japão e tornando-se a segunda maior consumidora mundial de petróleo, atrás apenas dos Estados Unidos.

Ainda como outra conseqüência da estratégia do pilar industrial automotivo, a demanda de petróleo chinesa, assim como sua dependência de importados, vem crescendo ano a ano. Analistas do Departamento de Energia dos Estados Unidos e da Agência Internacional de Energia concordam que o consumo chinês de petróleo deve dobrar para cerca de 12 milhões de barris por dia até 2025, e prevêem que precisarão importar cerca de três quartos desse total.

Por ter entrado tarde no jogo da importação de petróleo, a China teve de lutar para encontrar fornecedores com estoque sobressalente que não estivesse destinado aos Estados Unidos, à Europa ou ao Japão. Mas a China tem uma vantagem nisso: diferentemente de muitos países ocidentais, em que as considerações políticas e a opinião pública atrapalham as relações com países de regimes malvistos, ela não enfrenta esses problemas. Na África e na Ásia central, a China não teve qualquer problema em ignorar a política e ater-se a acordos de energia com países como Angola, Sudão, Irã e Uzbequistão.

Com todo esse novo petróleo entrando, a China também está lutando para desenvolver suficiente capacidade de refino. Em termos tanto de tecnologia quanto de gerenciamento, boa parte das refinarias chinesas ainda está abaixo dos padrões mundiais, o que faz desta uma outra área que necessita de auxílio estrangeiro.

As regulamentações impedem que os investidores estrangeiros possuam a maioria das ações em qualquer refinaria chinesa, e mesmo os acionistas minoritários têm de passar por árduos procedimentos de obtenção de aprovação. No entanto, reconhecendo a necessidade de mais especialistas estrangeiros, as autoridades chinesas falam freqüentemente em abrandar essas restrições. Mas isso pode ser muito complicado, já que o setor de energia é gerenciado por uma série de interagências reguladoras que são, até para a China, extraordinariamente rigorosas.

Além da Comissão Reguladora de Eletricidade do Estado e da Comissão de Reforma e Desenvolvimento Nacional, que têm muito controle direto, existem vários outros departamentos que desempenham seus próprios papéis formais. Entre outros, esses incluem os ministérios de Finanças, Comércio e Relações

Exteriores. O envolvimento de governos provinciais e locais só aumenta a complexidade.

Boa parte do que preocupa esses burocratas é a política de preços. Eles querem evitar a inflação e a possível instabilidade social que ela poderia provocar. Também não querem afetar algumas das grandes empresas do Estado, que empregam milhões de funcionários, mas que mal conseguem se manter. Então, a cada passo do caminho, de produtores de carvão para usinas a operadores de sistemas, o controle de preços imposto pelo Estado limita o que podem cobrar.

Assim como ocorre com a água, o governo sabe que o teto de preço está atrasando a indústria, e, para alívio das empresas de energia estrangeiras e locais, aos poucos o está modificando para atingir níveis mais viáveis.

Dinheiro no banco: o setor financeiro

Quando o renomado fora-da-lei americano Willie Suton foi inquirido por um padre a respeito de seus motivos para roubar bancos, ele respondeu com as imortais palavras: "Porque é lá que fica o dinheiro". É a mesma simples lógica que faz investidores estrangeiros visarem negócios com bancos chineses e outras instituições financeiras. Sem dúvida é "onde o dinheiro está", mas, durante muito tempo, foi tão complicado e arriscado entrar em bancos na China quanto para Willie Sutton na metade do século passado.

Desde que se uniu à Organização Mundial de Comércio, a China assumiu compromissos para deixar bancos estrangeiros, seguradoras e investidores entrarem no mercado local. Mas o setor financeiro sempre foi motivo de preocupação para o governo no que se referia à exposição à concorrência estrangeira, e sempre se mostrou relutante. O cenário sempre foi marcado por tetos de investimento, limites de empréstimo e restrições geográficas ou de categoria, e os banqueiros estrangeiros pareciam dedicar tempo e esforço demasiados para obter aprovação para os seus negócios.

Mas as restrições estão sendo retiradas e os bancos estrangeiros já podem fazer os negócios mais variados, inclusive transações em moeda local e por meio de cartões de crédito com empresas chinesas. Eles também estão desempenhando um grande (e geralmente lucrativo) papel na reestruturação dos bancos chineses.

Conforme as restrições forem caindo, os bancos estrangeiros poderão eventualmente trabalhar com depósitos de correntistas individuais em moeda local. No entanto, enquanto as oportunidades e o sucesso crescem, a indústria bancária local reclama cada vez mais de sua vulnerabilidade.

Essas reclamações parecem estar chamando atenção. Em 2005 algumas declarações causaram considerável receio nos banqueiros estrangeiros na China. Shi Jiliang, vice-presidente da Comissão Reguladora de Bancos da China, destacou que os bancos estrangeiros estavam crescendo mais rápido do que se esperava. "Nós precisamos pensar em proteger adequadamente os bancos chineses", disse ele em um fórum da indústria.

Shi falou em respeitar os limites dos compromissos da China com a Organização Mundial de Comércio e ao mesmo tempo "conter o ritmo e a extensão geográfica da entrada de bancos estrangeiros no mercado para deixar espaço para os bancos chineses poderem competir em escala total". É difícil entender como esses dois aspectos podem se conciliar, e a Comissão Reguladora de Bancos da China explicou depois que Shi estava simplesmente expondo sua opinião pessoal.

Assim como ocorre em diversas áreas na China, a abertura do setor bancário apresenta divergências. De fato, Shi pode ter dado a entender de forma ameaçadora que outras restrições serão implementadas, mas os reguladores locais de Pequim já permitiram que bancos estrangeiros buscassem e obtivessem licenças RMB[2] um ano antes do que propôs a Organização Mundial de Comércio. De uma maneira geral, a tendência está seguindo a direção correta: os bancos estrangeiros terão mais atividades a realizar na China e mais maneiras de executá-las.

As preocupações dos bancos locais são compreensíveis, mas muitos banqueiros ocidentais acreditam que os bancos chineses não têm tanto o que temer. Os bancos locais têm grande cobertura nacional, com filiais em inúmeras cidades pequenas pelo país. Apesar de alguns desses temores serem compreensíveis, como o fato de os bancos estrangeiros atraírem clientes importantes, dificilmente eles terão a mesma cobertura ou o mesmo reconhecimento que os seus concorrentes locais.

Além da questão de precisarem de aprovação para suas negociações, os banqueiros estrangeiros têm de lutar com a falta de proteção aos direitos dos credores – o que, somado ao igualmente fraco sistema de registro de histórico de crédito, constitui uma combinação potencialmente perigosa. Durante décadas, os bancos chineses atuaram menos como credores comerciais e mais como agências governamentais de alocação. As empresas estatais, muitas delas assustadoramente ineficientes e cronicamente não-lucrativas, foram fundadas por empréstimos bancários ordenados pelo governo. A credibilidade nunca foi um problema, e a penhora simplesmente não era uma opção.

---

2 - RMB: Refere-se à taxa de câmbio utilizada na China. O renminbi (RMB) é a moeda oficial do país. (N. E.)

Agora as atividades bancárias chinesas estão se aproximando mais de termos comerciais, mas as ferramentas ainda são insuficientes. As agências de avaliação de crédito estão surgindo, e certamente se desenvolverão com o tempo. Por enquanto, contudo, muitos banqueiros tentam avaliar no escuro a credibilidade dos que lhes pedem empréstimos.

A melhora da proteção aos direitos do credor pode demorar. Essa é provavelmente a área em que as reformas do mercado chinês mais entram em conflito com seu desejo de permanecer, de alguma maneira, nominalmente socialista. Ainda existe uma escola de pensamento na China que diz que se o socialismo deve ter algum significado, deve ao menos ser o seguinte: um banco administrado por ricos capitalistas não pode tirar pessoas endividadas de suas casas ou fazê-las perder seus negócios.

O impulso pode ser nobre, mas leva a óbvios problemas. Conforme coloca um relatório de 2005 da Câmara Americana de Comércio (AmCham) na China, "os anos de espera ainda não resultaram numa lei que confira aos credores o direito do qual precisam para impor disciplina de mercado aos que tomam dinheiro emprestado... O sistema atualmente garante proteção excessiva a quem toma dinheiro emprestado, e isso leva a um nível anormalmente elevado de empréstimos que não resultam em nada". A falta de infra-estrutura legal adequada no ramo dos bancos, acrescentou o relatório, "apresenta um risco significativo e potencialmente inaceitável aos bancos".

Outros aspectos do setor financeiro da China também sofrem com graves problemas. Tanto os mercados de capitais quanto o setor de seguros permanecem altamente regulados e ineficientes. Em 2006, o mercado de ações chinês finalmente começou a apresentar um sólido ressurgimento, mas isso se deu após um colapso prolongado por quatro anos. De fato, de acordo com Shan Weijian, sócio-gerente da Newbridge Capital e um dos maiores acionistas da China, o mercado chinês de ações não está desempenhando seu papel como deveria. "Os mercados de ações não são motores de crescimento. Aliás, eles são um atraso na economia", afirmou em 2006 na China Economic Review.

Eles também foram um atraso nas finanças pessoais de muitos. Uma pesquisa de 2006, feita pelo *China Securities Journal*, descobriu que 77% de todos os investidores de ações da China perderam dinheiro no ano anterior. As razões não são difíceis de entender. Com baixos padrões de administração corporativa, contabilidade e descobertas financeiras, os mercados de ações são basicamente cassinos. Após quatro anos ruins a partir de 2001, o mercado de ações chinês desfrutou de uma sólida recuperação em 2006, mas ainda há pouca correlação entre as bases e a performance de preços de ações das empresas chinesas listadas.

O problema é agravado pela desenfreada troca de informações internas. De fato, a posição dos investidores externos se aproxima da posição de um jogador que aposta numa corrida cujos resultados já foram combinados. Eles não possuem as ferramentas mais básicas e necessárias para tomar uma decisão, mas a janela de apostas está aberta e, mesmo que não possuam uma fonte que lhes dê informações, eles podem apostar e ter sorte assim mesmo.

As ótimas perspectivas do setor de seguros da China, enquanto isso, atraíram muito interesse dos estrangeiros, assim como causaram grandes frustrações. Entre 1996 e 2002, de acordo com o Grupo de Consultoria de Boston (Boston Consulting Group), a renda das seguradoras na China cresceu 40% ao ano. Taxas de crescimento contínuo de até 25% foram previstas para o futuro próximo, com o valor de mercado do setor alcançando mais de 100 bilhões de dólares até 2008.

Não há mistérios na explicação da razão pela qual o setor de seguros da China parece tão promissor. Os seguros de saúde estatais estão cedendo espaço para as seguradoras comerciais, e o sistema de pensão estatal está entrando em colapso em um momento em que as tendências demográficas apontam para uma população de rápido envelhecimento.

Mas o mercado sofre com a falta de dados atuariais e também com os fracos serviços das seguradoras. As empresas chinesas ainda têm de aprender a desenvolver ofertas mais sofisticadas e vendê-las com mais eficiência. O público chinês, por sua vez, permanece ignorante quanto às suas opções. As empresas estrangeiras terão um grande papel a desempenhar nessas áreas.

Dois últimos setores – tecnologia de informação/telecomunicações e mídia/entretenimento – também merecem menção aqui. Como setores gigantes intimamente ligados a múltiplos aspectos do cenário dos negócios na China, são trabalhados com mais profundidade em outros momentos do livro, de maneira a deixar claro o sentido de seu impacto e os desafios peculiares que as empresas estrangeiras encontrarão. Basta dizer, neste momento, que as empresas estrangeiras terão um enorme papel a desempenhar – tanto no que diz respeito a acelerar a conquista, informação e entretenimento dos 2,6 bilhões de olhos chineses, quanto na construção e administração da infra-estrutura de alta tecnologia que será necessária.

PONTOS IMPORTANTES DO CAPÍTULO 1

1. O setor automotivo da China vive um momento de profunda consolidação; então, independentemente do que você está se preparando para fazer, um primeiro passo importantíssimo é avaliar objetivamente todos os potenciais parceiros ou fornecedores locais. Qual a probabilidade de sobreviverem à grave queda que está a caminho?

2. Durante as décadas em que não puderam escolher os serviços de saúde que lhes eram fornecidos, os consumidores chineses se conformaram com serviços medíocres. Mas agora que ganharam o poder de escolher como gastar seu dinheiro em questões de saúde, eles exigem satisfação – às vezes agressivamente. Os ataques violentos a médicos e os processos por má conduta se tornaram comuns.

3. As restrições às pesquisas biotecnológicas são mais flexíveis na China do que em diversos países ocidentais. Os direitos dos animais não representam qualquer problema. Há pouca polêmica envolvendo as pesquisas com células-tronco ou com tecidos embrionários, e as exigências de consentimento de pacientes são bastante flexíveis. Qualquer empresa ocidental que deseje manter os padrões de seu próprio país, e não os da China, terá de acompanhar de perto sua equipe para saber exatamente o que está acontecendo – e para certificar-se de que ninguém irá cometer nenhum excesso.

4. A indústria química e a indústria automobilística da China são muito fragmentadas; os produtores menores e menos eficientes estão sendo eliminados. Certifique-se de que suas parcerias sejam estabelecidas com pessoas que se manterão ativas por bastante tempo.

5. Na indústria de construção chinesa, as empresas locais tendem a ser muito especializadas, concentrando-se em design, capitalização e gerência de projeto ou na construção propriamente dita. As empresas ocidentais diversificadas que contemplarem todos esses elementos podem oferecer um pacote integrado, desfrutando de indubitável vantagem.

6. O setor de energia da China tem um grande potencial, mas é governado por agências e ministérios incrivelmente complicados, até para os padrões chineses. Também têm políticas excepcionalmente restritivas com os investidores estrangeiros. As autoridades chinesas já reconheceram a necessidade de abrandar as restrições e melhorar as regras, mas ainda vai demorar até que isso de fato seja feito. Então, se você trabalha nesse setor, precisa estar preparado para enfrentar muita burocracia.

7. O setor financeiro permanece muito restrito aos investidores estrangeiros, que continuam lutando, negócio após negócio, para obter as aprovações necessárias. Mesmo conseguindo as aprovações para competir em pé de

igualdade com os concorrentes chineses, os banqueiros estrangeiros continuam tendo problemas para competir com o fato de os bancos chineses cobrirem todo o país. Mas já há alguns negócios lucrativos em andamento, como a participação de bancos de investimento estrangeiros na restruturação de bancos chineses. Os mercados de ações da China e a indústria de seguros permanecem pouco desenvolvidos e muito regulados, e levará um bom tempo até que seu potencial seja atingido.

Capítulo 2

Leis, regras e regulamentos

No que se refere às leis – a maneira como elas são feitas, impostas, obedecidas e percebidas –, a China apresenta uma espécie de dupla personalidade.

Por um lado, o país tem sua reputação (quase sempre merecida) de Estado policial – um rígido sistema autoritário no qual os líderes atuais do Partido Comunista, que meramente substituiu os antigos imperadores, governam da mesma maneira: através da ordem duramente imposta. Forçadas a viver sob um sistema unipartidário inflexível, as pessoas comuns não têm voz, não têm escolha e nem recursos legais.

Mas se há qualquer verdade nisso – e claramente existe alguma –, por que às vezes a China se sente tão sem leis quanto o Velho Oeste? Como, em qualquer Estado policial, a lei pode ser desrespeitada tão descaradamente e com tanta freqüência? Desde os aspectos mais simples, como básicas leis de trânsito, até os mais complexos, como os regulamentos bizantinos que governam as operações empresariais, as pessoas na China quase sempre fazem o que bem entendem em vez de fazer o que manda a lei.

Para muitos sociólogos, cientistas políticos e acadêmicos do direito, esse paradoxo constitui um rico veio de dúvidas acadêmicas, oferecendo muito material para pesquisa e estudos aprofundados.

Para empresários estrangeiros, não passa de um campo minado.

É claro que um livro como este jamais poderia prometer guiá-lo de forma segura por todo o caminho. Livro nenhum poderia fazer isso. Assim como quase tudo na China, o sistema legal é complexo e sofre constante evolução. O ritmo da mudança é acelerado demais e a variabilidade dos lugares, indústrias e circunstâncias é muito extensa para que qualquer livro possa lhe ensinar tudo o que você precisa saber em qualquer situação. O único conselho universal confiável é o seguinte: seja o que for que queira fazer na China, você precisará de auxílio legal profissional e especializado constantemente.

Este capítulo o familiarizará com o sistema legal da China, descreverá todas as excentricidades que o assolam e apresentará os problemas reais básicos que você enfrentará.

Quais as escolhas que os negócios estrangeiros têm para estruturar suas operações na China? Como eles podem se proteger contra a implacável pirataria chinesa? Como as brigas podem se resolver? E quanto à corrupção, às leis tributárias e às obrigações? Quanto mais você souber sobre esses assuntos, mais bem equipado estará para trabalhar detalhadamente com profissionais legais.

Mas antes de se aprofundar nessas outras áreas, é útil dar uma olhada geral em como funciona o sistema legal da China, e também em como – freqüentemente – ele não funciona.

Menos advogados e menos piadas de advogados

Conscientes de quão excessivamente litigiosa é sua própria sociedade, os americanos que moram e trabalham na China tendem a perceber rapidamente que os advogados desempenham um papel muito menor na sociedade chinesa e nos problemas diários dos negócios.

E apesar de seu desdém pelos advogados (e de seu amor por uma boa piada de advogado), a maioria desses americanos percebe que a relativa carência de advogados na China é um sério problema. Ou talvez, mais precisamente, seja um sintoma de um sério problema, o volúvel e subdesenvolvido estado do sistema legal.

A China agora tem uma média de um advogado para cada 13 mil pessoas, comparado a um para cada 300 pessoas nos Estados Unidos. Apesar de parecer um número muito baixo, esse índice na verdade marca um grande aumento ao longo dos últimos 25 anos. No auge do poder de Mao, os tribunais eram praticamente inativos. Seguir a carreira de advogado não era nada promissor.

Nas palavras de Stanley Lubman, professor da Universidade de Stanford, um dos maiores especialistas ocidentais em leis chinesas, as instituições legais e as leis na China tinham, até 1979, se tornado "prédios inacabados em ruínas, cujos planos arquitetônicos ainda existiam".

Desde então os ambiciosos esforços de reforma legal da China concentraram-se em reviver e remodelar essas instituições e em transformar o sistema tradicional do país de "justiça dos homens" em "justiça da lei".

Acredite se quiser, a reforma legal é um tópico de conversa muito popular nos círculos empresariais chineses. É provável que em pouco tempo na China você já se encontre em um debate com contrapartes locais a respeito do sistema de leis e logo no princípio da discussão você ouça a frase de efeito "justiça da lei".

Tanto na literatura acadêmica quanto na imprensa popular, os comentaristas chineses lutam com o significado do termo. A frase chinesa *yi fa zhi guo* é de certa forma ambígua, e pode ser traduzida tanto como "justiça da lei" quanto como "justiça pela lei". E a diferença é muito significativa.

Justiça da lei implica que a própria lei está no comando, um panorama independente e objetivo que pode resistir à interferência política, proteger os direitos dos indivíduos e conter até mesmo o Estado e o Partido Comunista quando for necessário.

Justiça pela lei sugere outra coisa: que em vez de se tratar de um padrão objetivo e supremo por seu próprio estado, a lei é um instrumento empregado pelo partido e pelo governo no exercício e na preservação de sua própria autoridade.

Na prática, é o modelo justiça-pela-lei que ainda prevalece, e, apesar do copioso discurso, existem poucos sinais de que o governo realmente pretenda abdicar do controle desse poderoso instrumento e permitir que algum dia as leis sejam utilizadas contra seus próprios interesses.

Para ser justo, o governo faz mais do que fingir que dá atenção ao conceito de justiça-da-lei. Em muitas áreas, ele está de fato trabalhando para introduzir reformas a fim de tornar o sistema da China mais racional e regrado. Essas mudanças não só são necessárias em função dos compromissos da China relacionados à Organização Mundial de Comércio mas também para trazer, e o governo sabe disso, benefícios através de um aumento da competitividade de sua economia e de uma melhora geral em seu ambiente empresarial.

Por causa desse esforço, o ritmo da mudança no sistema legal chinês é simplesmente impressionante. Na China, os advogados têm de gastar tanto tempo acompanhando a enxurrada de revisões e de novas leis anunciadas pelo governo que é surpreendente que ainda tenham tempo para lidar com os clientes. Tomemos por exemplo o mês de outubro de 2005. Durante esse único mês a China fez emendas em suas leis de segurança, mudando os termos das ofertas públicas, revisando as leis de apropriações corporativas e modificando as leis que regiam as operações de empresas de seguros.

No mesmo mês, a Comissão Reguladora de Seguros da China lançou novas cláusulas que transformam amplamente os termos sobre os quais as empresas de seguros estruturam seus negócios, e que permitem a introdução de instrumentos financeiros e de produtos totalmente novos. E a China introduziu mudanças em seu direito empresarial, suas leis de trocas internacionais para empresas multinacionais e suas políticas de taxação.

Esse mês não foi de forma alguma atípico. As leis e os regulamentos estão em constante mudança na China. As mudanças ocorrem de forma veloz e avassaladora, afetando áreas como contabilidade, bancos e mídia em um mês; propaganda, mercado de ações, varejo ou transações envolvendo propriedades em outro.

A má notícia é que você precisa perder muito tempo e pagar por muito auxílio legal só para acompanhar tudo e saber a quantas anda. Mas a boa notícia é que a maioria dessas mudanças está fazendo as coisas caminharem na direção correta: em direção a mais clareza, maior estabilidade e maior compatibilidade com os padrões internacionais.

Ainda em seu esforço para se manter em cima do muro, o governo quer ganhar todos esses benefícios aumentando o papel dos tribunais e da lei, mas sem dar-lhes total liberdade. E essa tentativa de ter tudo explica a dupla personalidade do sistema de leis da China. Encare como a história do médico e do monstro (Dr. Jekyll e Sr. Hyde)[3] com características chinesas.

Conheça o médico (Dr. Jekyll)...

Enquanto as reformas avançam, o sistema de leis não só se torna mais racional como também inegavelmente mais receptivo. Os cidadãos chineses e as empresas estrangeiras conseguem cada vez mais acessar os tribunais para tentar resolver seus problemas. Esse acesso pode ser irregular, assim como os resultados, principalmente no que se refere à aplicação dos veredítos, como você em breve descobrirá através de exemplos descritos neste capítulo. Mas na medida em que os buracos do código são preenchidos e os advogados e juízes tornam-se mais experientes e profissionais, as coisas melhoram visivelmente.

O governo também se tornou mais receptivo na aplicação ao criar novas leis e modificar as antigas. Isso se aplica não só ao trabalho de criar leis, mas também aos ministérios e outros departamentos executivos responsáveis pelo estabelecimento de leis e regulamentos em áreas que vão desde a política de taxação e aprovação de investimentos até procedimentos de trocas de câmbio e leis de segurança de produtos.

Em uma nova e crescente tendência, o governo está começando a executar audiências formais abertas nas quais os cidadãos, os especialistas e os grupos industriais podem ao menos

---

3 - A história do médico e do monstro foi escrita pelo escocês Robert Louis Stevenson, publicada em 1886 com o título *O estranho caso do Dr. Jekyll e Sr. Hyde*. A história teve diversas adaptações para o cinema, e recentemente para o teatro. No Brasil saiu com o título "O médico e o monstro". (N. E.)

opinar a respeito das propostas de mudanças. Até as associações de negócios estrangeiros vêm tendo cada vez mais voz.

A Câmara Americana de Comércio na China está entre as câmaras internacionais mais ativas e organiza comitês empresariais especializados que mantêm constante contato com os reguladores. As opiniões desses comitês podem nem sempre ser consideradas, mas certamente são ouvidas.

Também se tomam decisões de outras maneiras, menos formais, baseadas na incorporação de *feedback*. Um exemplo simples, porém ilustrativo disso, envolve as leis de trânsito. Não muito longe da minha própria casa, no nordeste de Pequim, existe um cruzamento confuso de cinco pistas. Com o crescimento infindável do volume de trânsito nos últimos anos, a polícia realizou inúmeros testes, procurando uma maneira de descomplicar a situação. Em diversas ocasiões chegaram a redesenhar as faixas de conversão e a reconfigurar os sinais de trânsito em diferentes combinações. Tentaram proibir conversões à esquerda de um lado, sem qualquer sucesso. Então desfizeram e proibiram viradas à esquerda de outro lado. Mais tarde transformaram uma das estradas em uma pista de sentido único.

Mas, independentemente das constantes mudanças, os motoristas faziam mais ou menos o que queriam – a não ser, é claro, que se colocassem barreiras para bloqueá-los fisicamente, ou que os policiais de trânsito se posicionassem no cruzamento e impusessem as novas regras. Com oficiais no local, os motoristas passavam a obedecer – e o trânsito ficava ainda mais congestionado.

Após um tempo, a polícia passou a basear as regras desse cruzamento no fluxo do trânsito e os resultados foram razoavelmente bons. A hora do rush continua sendo a hora do rush, mas durante o resto do dia esse ponto não é mais um problema crônico e agudo como já foi.

Situações semelhantes ocorrem com freqüência em maior escala. As regras e leis são constantemente ignoradas. As autoridades tacitamente reconhecem o problema e emitem e depois reemitem (e às vezes re-reemitem) seus avisos e "circulares urgentes" enfatizando a importância de alguma determinada lei ou regra que ninguém parece seguir. Às vezes, as regras são impostas durante curtos períodos de ordem – o equivalente a posicionarem policiais de trânsito em um cruzamento de cinco ruas por um dia. E muitas vezes, quando uma nova regra não é acatada, as autoridades simplesmente a alteram novamente.

Ou podem ignorá-la. Com tanto poder arbitrário nas mãos dos policiais, muitos detalhes podem ser prontamente ignorados, e podem-se percorrer caminhos alternativos em lugar dos possíveis obstáculos criados pela lei em questão. É claro que isso pode ser bom ou ruim, dependendo da posição do oficial, ou seja, se é favorável a você ou a seu concorrente.

Obviamente, existem diversas leis e regras que não são tão abertas a interpretações ou modificações tão flexíveis. Mas o fato de muitas serem, somado à imposição arbitrária e periódica do resto, pode dar a impressão de que os supostamente implacáveis reguladores desse "Estado policial" não são tão rígidos assim.

... mas lembre-se do monstro (Sr. Hyde)

Você pode se surpreender positivamente com o fato do sistema de leis da China, com sua sutil flexibilidade e crescente receptividade, ter um lado Dr. Jekyll gentil e generoso. Mas lembre-se do seguinte: ignorar o lado Sr. Hyde do sistema seria um grave erro.

Apesar de a fraca imposição das leis significar que milhares não são punidos por corrupção, fraude, sonegação de impostos etc., os que são pegos freqüentemente recebem tratamento severo. O sistema de justiça criminal é estruturado de maneira que o réu que vai a tribunal enfrenta uma presunção incomensurável de que é culpado. As absolvições são raras e as penas geralmente duras.

A pena de morte é amplamente utilizada. A China não divulga índices, mas grupos internacionais de direitos humanos acreditam que entre 5 e 10 mil execuções são feitas a cada ano no país. E ela não é aplicada somente a assassinos. Acima de um determinado limite monetário, os chamados crimes econômicos também podem ser considerados capitais. Pessoas foram executadas na China por aceitarem suborno e até mesmo por falsificarem recibos de impostos. No começo de 2006, Guangzhou, uma das maiores e mais "abertas" cidades da China, anunciou que até mesmo ladrões de bolsas poderiam estar sujeitos à pena de morte.

Então, o Estado e o partido têm uma rigidez própria e o exercício das leis como um de seus instrumentos primários de controle político, mas ainda assim permitem que alguma parte do sistema legal opere de forma independente. Isso inclui a legislatura.

O Congresso Nacional do Povo (CNP) é nominalmente um corpo legislativo representativo eleito, mas na prática não é nada disso. O CNP tem uma equipe permanente de especialistas em direito que trabalham o ano inteiro para elaborar a legislação, e os membros dessa equipe estão se profissionalizando cada vez mais. Mas o CNP ainda opera como uma frente e como uma marca.

Com quase 3 mil delegados, só se reúne em sessão completa uma vez ao ano e de forma muito pomposa e exagerada. Mas nunca votaram contra uma medida que tivesse sido elaborada pela liderança central do Partido Comunista. Entre as sessões anuais completas, que ocorrem em março de cada ano, um grupo seleto conhecido como Comitê permanente do CNP cuida quietamente das obrigações referentes a elaborações de leis da nação.

O restante do sistema legal encontra-se, da mesma forma, sob rígido controle do partido, que determina autoridades políticas nas equipes de todos os departamentos de polícia, tribunais e promotorias no país.

Teoricamente, a Constituição chinesa garante uma série de direitos e proteções impressionantes a seus cidadãos, mas na prática estes podem ser atropelados de acordo com as vontades do partido. Essa mesma flexibilidade – que pode ser tão agradável quando permite que as coisas funcionem favoravelmente a você – pode ser brutal quando produz efeitos contrários às suas vontades e necessidades.

Outros comissários políticos do partido não necessariamente intervêm em todos os casos. Mas o fato é que eles sempre têm a capacidade de fazê-lo, sem controles externos. Com a ausência de controle, as autoridades freqüentemente recorrem à imposição arbitrária de qualquer regra que desejem aplicar.

Muitas vezes se utilizam desse poder para agir no interesse público (pelo que eles entendem como interesse público). Mas, em muitos casos, abusam desse poder para fazer valer seus interesses pessoais. Quando se tem negócios na China, é importante lembrar que, se por um lado os estrangeiros são tratados de forma mais branda, por outro eles não estão completamente imunes a esses abusos de poder.

DA TEORIA À PRÁTICA

Não existem dúvidas de que quanto mais informações você tiver a respeito do sistema legal da China, mas fácil será compreender o que ocorre à sua volta, e mais fácil será entender o que se passa na cabeça dos chineses com os quais você lida. Mas e quanto aos problemas práticos que envolvem ter negócios na China?

No topo dessa lista está a questão de como estruturar um investimento. Seja uma operação de fabricação de produtos para exportação, um negócio voltado para a venda na própria China ou uma operação de *sourcing*[4], sua primeira decisão crucial será como instalar e configurar o negócio.

As restrições estão diminuindo o tempo todo, e novas e mais flexíveis opções devem surgir nos próximos anos. Mas por enquanto a maioria das escolhas se resume a *joint venture*s (contratuais ou societária), escritórios representativos e empresas de total propriedade estrangeira.

Cada uma das escolhas tem suas próprias vantagens e desvantagens, e nem todas essas opções estão disponíveis em todas as indústrias. Em alguns setores estratégicos, como serviços de telecomunicações, o governo ainda limita a possibilidade de os estrangeiros possuírem eqüidade, fazendo com que a única opção possível seja a *joint venture* corporativa.

Quando você tiver escolha, deverá considerar uma variedade de trocas envolvendo seu nível de controle sobre o negócio *trade-offs*, seu status tributário, sua capacidade de cobrar por bens e serviços na China e sua capacidade de ter lucro.

---

4 - Operação de *sourcing* designa os trâmites necessários para a configuração de novos produtos e/ou fornecedores. (N. E.)

Joint ventures

Dos primórdios da abertura chinesa aos negócios ocidentais, só havia uma única escolha: a *joint venture*, ou JV. E, até hoje, esse é um termo que desperta receio e dúvidas no coração de muitos investidores estrangeiros. Muitas das piores histórias de terror envolvendo negócios na China que você escutará ou lerá envolvem *joint ventures* que deram completamente errado, e uma das primeiras pérolas de sabedoria que você pode escutar é que deve evitar *joint ventures* a qualquer custo.

Como tantas pérolas de sabedoria, esse conselho tende a simplificar demais as coisas. De fato, existem muitos riscos e desvantagens na estrutura da *joint venture*, e muitos fracassos dramáticos amplamente divulgados envolveram esse tipo de empreendimento conjunto. Mas seria injusto atribuir toda a culpa desses fracassos à própria estrutura da *joint venture*. Mesmo hoje, apesar da existência de outras opções, há situações em que as *joint ventures* fazem muito sentido.

Alguns dos problemas que afligiram as primeiras *joint ventures* tinham menos relação com a própria estrutura e mais com o simples fato de os empresários chineses e estrangeiros estarem igualmente desacostumados a lidar uns com os outros. Esses acordos eram como casamentos arranjados entre parceiros que, metafórica e literalmente, não falavam a mesma língua. Em ambos os lados, eles não entendiam – e de fato não podiam entender – de onde vinham e para onde queriam ir seus parceiros. Independentemente da estrutura, as expectativas irreais e a comunicação limitada fatalmente causariam problemas.

As distorções do ambiente regulador da China também prejudicaram *joint ventures* que poderiam ser bem-sucedidas. Durante a década de 1980, por exemplo, o governo chinês buscava encorajar o investimento estrangeiro através de garantias de suspensão de impostos e de isenção de taxas de importação para as *joint ventures*. Para as empresas chinesas, a possibilidade de importar carros e outros equipamentos fundamentais sem taxas era incentivo suficiente para estabelecer uma *joint venture* e fazer o mínimo para mantê-la viva.

Para um sócio estrangeiro que esperava ver essa mesma *joint venture* crescer e trazer lucro, e que ingenuamente presumiu que o parceiro chinês compartilhava do mesmo objetivo, o desapontamento foi inevitável. À medida em que as regulamentações tributárias e alfandegárias se tornam mais viáveis, as probabilidades de existirem expectativas tão diversas envolvendo uma mesma *joint venture* diminuem.

Mas há males que ainda permanecem. Por exemplo, se há envolvimento político de autoridades locais, ainda existe uma boa chance de que seu sócio chinês esteja mais interessado numa *joint venture* que crie empregos e receita tributária para a economia local do que em vê-la gerar lucros que serão divididos com você. Apesar de esse objetivo possivelmente ser mais louvável do que conseguir algumas importações de carros sem impostos, ele dificilmente fará de seu negócio um sucesso.

E, se seus sócios locais forem simplesmente inescrupulosos, não faltam caminhos para que possam explorar a estrutura a fim de obterem ganhos para si às custas da *joint venture*. Em muitos casos, os sócios locais efetivamente subsidiaram outras empresas de sua propriedade fornecendo materiais ou serviços da *joint venture* a baixo custo.

Os sócios locais de *joint ventures* também são conhecidos por conduzir horas extras de produção em fábricas da JV e depois lançar os produtos em mercados locais para competir diretamente com a produção da *joint venture*. Nos casos mais descarados, eles simplesmente fazem desvios ilícitos de dinheiro ou outros bens da *joint venture* para outra empresa que controlem.

Houve um caso – que já se arrastava há mais de uma década quando comecei a reportá-lo em 2003 – em que um grupo de investidores dos Estados Unidos, Canadá e Austrália travavam uma luta sem fim para recuperar 4 milhões de dólares que investiram num hotel *joint venture* na cidade de Dandong, no nordeste da China. Originalmente de Hong Kong, esses investidores achavam que conheciam a China suficientemente bem para evitar problemas. Mas, em vez disso, caíram no "oitavo círculo do inferno" de *joint ventures*.

Tudo começou em 1992, quando entraram em um acordo com uma empresa sob o departamento local de turismo de Dandong. O lado local oferecia o terreno e uma forma inacabada de um prédio de 23 andares de frente para o rio, avaliado em 4 milhões de dólares. O lado estrangeiro investia esse valor em dinheiro, que seria destinado a concluir a construção, mobiliar e conduzir o projeto.

Os negócios pareciam ir bem durante os dois primeiros anos, mas por alguma razão os lucros não surgiam. Chamaram-se contadores, e os investidores estrangeiros descobriram que seus sócios haviam falsificado documentos da empresa para transferir milhões de dólares de uma dívida preexistente nos livros da *joint venture*.

Lawrence Liu, um dos investidores estrangeiros, contou como surgiram credores a respeito dos quais nunca tinha ouvido falar, exigindo o pagamento de dívidas que desconhecia. Eventualmente, as dívidas excederam o valor registrado da empreitada e o hotel foi posto em curadoria. Enquanto isso, os investidores estrangeiros foram retirados à força do edifício pela polícia local.

Passaram anos no tribunal, tanto em âmbito municipal quanto em âmbito provincial. A cada etapa que passava, mais eles se convenciam de que os tribunais estavam trabalhando em favor de seus sócios. Desesperados, dirigiram-se a Pequim, buscando a intervenção do Ministério do Comércio e de outros departamentos centrais do governo, mas sem sucesso. Ainda mais desesperados, resolveram ir a público. Eles contaram sua história a jornalistas e até montaram demonstrações públicas, espalhando faixas de protesto pelas ruas de Pequim.

Finalmente, ao final de 2004 conseguiram absolver a *joint venture* da responsabilidade pelas antigas dívidas por meio de uma sentença. Mas, em vez de marcar o fim do impasse, essa sentença marcou o início de uma nova luta para conseguir impô-la. Demorou mais um ano até que o investimento no hotel fosse finalmente ressarcido e, segundo Liu, isso só foi possível graças ao fato de o juiz e o gerente interino de curadoria estarem sob investigações de corrupção por uma série de outros golpes. Mas, mesmo após reconquistarem o acesso ao hotel, os investidores tiveram de lutar com a hostilidade das autoridades locais. No final de 2006 Liu os acusou de cortarem o acesso do hotel à água quente, forçando assim o seu fechamento.

Apesar de dramática, essa história não é a única. *Joint ventures* grandes ou pequenas já terminaram de maneira semelhante. Eu mesmo reportei esse e outros casos, e sem dúvida você já leu a respeito de outros mais na imprensa econômica. Considerando a propaganda negativa e os defeitos herdados pelo formato, não é uma grande surpresa que as *joint ventures* tenham se tornado menos populares nos últimos anos. Em 2000, várias formas de *joint ventures* representavam quase 52% do investimento estrangeiro aplicado na China. Esse índice caiu para 32% em quatro anos.

Mas, com todos os riscos e contratempos, as *joint ventures* ainda têm o seu lugar. Em muitos casos, um sócio chinês bem escolhido pode trazer benefícios que um investidor estrangeiro demoraria e gastaria muito para alcançar. Estes incluem contatos fundamentais no governo e apoio para acessar terrenos, distribuição de canais, trabalhadores qualificados, redes fornecedoras ou licenças em setores restritos.

Joint ventures na China

Armadilhas

Expectativas irreais, problemas de comunicação, objetivos distintos, enganar-se quanto à confiabilidade e a integridade de um sócio em potencial.

Lado positivo

Pode trazer benefícios que um parceiro estrangeiro precisaria de anos e de muito dinheiro disponível, incluindo contatos no governo e suporte e acesso a terrenos, distribuição de canais, crédito bancário, trabalhadores qualificados e licenças para negócios.

Então, o primeiro passo antes de se comprometer é avaliar com cautela se as possíveis vantagens compensam a provável diluição de controle e a exposição aos conhecidos riscos.

Se a resposta for afirmativa, o próximo passo é ter a máxima cautela ao escolher um sócio. Conforme demonstra o caso do hotel de Dandong, enganar-se quanto à confiabilidade e a integridade de um sócio em potencial é fácil – mesmo para investidores de etnia chinesa como Lawrence Liu e seus colegas, que contavam com a vantagem de conhecer a língua e a cultura.

Além de averiguar a integridade dos parceiros em potencial, você precisará investigar a capacidade deles em cumprir o que foi acordado. Se, por exemplo, o que mais atrai sua empresa é a licença deles, você vai ter de verificar se esta é realmente válida, e não confiar somente em sua palavra. Se oferecerem terrenos de difícil obtenção, terá de se certificar de que o terreno de fato lhes pertence. Mesmo que a intenção não seja a de aplicar um golpe, eles podem exagerar enquanto negociam.

O capítulo 5 oferece maiores detalhes sobre como encontrar essas e outras informações. Ou pelo menos sobre como *tentar* encontrá-las. Como você verá no referido capítulo, ainda é difícil encontrar informações completas e confiáveis, apesar dos largos passos dados pela China em direção à abertura nos últimos anos.

Mesmo a mais rigorosa tentativa de aplicação estudada pode carecer de informações vitais e forçá-lo a, no fim do dia, confiar em sua intuição. Mesmo que você tenha aprendido a confiar em seus instintos em casa, lembre-se de que eles podem enganá-lo em território desconhecido.

Outra história exemplar é a que sucedeu com um investidor americano. Após mais de uma década de experiência na China, levou um grupo a investir 2,5 milhões de dólares em uma *joint venture* de produção de caminhões em uma cidade no centro da China.

O grupo fez o seu dever de casa e sentiu-se confiante com a escolha de um sócio – uma subsidiária de uma empresa líder do setor automotivo da China. Essa subsidiária iria oferecer o terreno para a fábrica como sua parte do investimento no negócio.

"Estudo cauteloso feito de antemão? Achávamos que o tínhamos feito, não havia qualquer dúvida", contou-me o principal investidor. E, após uma grande cerimônia que marcou o estabelecimento da sociedade, eles não tinham qualquer razão para esperar pelos problemas que encontrariam em breve.

"A cerimônia de abertura foi linda: eles prepararam um banquete com orquestras e leões dançarinos, e o prefeito da cidade chegou em uma enorme limusine preta. O governo da cidade e os sócios, todos estavam lá."

Mas não muito tempo após o banquete e os brindes com champanhe, o governo de nível provincial interveio, dizendo que o sócio local não tinha qualquer direito sobre o terreno. Então, em vez de fabricar caminhões e contratar pessoas para vendê-los, o grupo acabou acampado em um hotel por um mês e contratou uma equipe de advogados. Somente após um ano de muita luta conseguiram obter seu dinheiro de volta.

"Foi muito frustrante", contou-me o principal investidor. "A época era perfeita, o ramo da venda de caminhões estava em alta. Eu esperava passar aquele tempo fazendo com que esse investimento fosse um sucesso, mas em vez disso passei um ano inteiro sem fazer nada além de lutar para sair do negócio sem prejuízo."

Riscos como esses podem ser minimizados com uma *joint venture* contratual (CJV) em lugar de uma *joint venture* societária (EJV). Em uma CJV, direito a voto, decisões de equipe, composição de conselho e outras questões detalhadas de gerenciamento são negociados de antemão. Seu nível de controle é, portanto, determinado pelo que você negociar, e não está preso a quaisquer índices de igualdade.

Em contraste, os sócios de típicas negociações de EJV focam mais no valor de suas contribuições de capital. De uma maneira geral, as CJVs concedem aos sócios estrangeiros uma chance de deter mais controle sem que necessariamente injetem grandes quantidades de capital.

O processo de preparação de uma CJV pode demorar mais, mas muitos advogados lhe dirão que isso é, na realidade, uma vantagem, já que possíveis problemas são discutidos antes. Resolvendo-os nesse estágio, podem-se evitar problemas futuros. E, talvez ainda mais importante, se forem detectados problemas que não possam ser resolvidos, é melhor descobrir antes.

Além de reduzir as chances de que haja conflitos ou desentendimentos mais tarde, esse mesmo processo significa que aqueles detalhes operacionais e gerenciais previamente estabelecidos são parte integrante de um pacote que vai para os reguladores do governo aprovarem os projetos. Então, nesse tipo de situação, os investidores têm uma chance mais plausível de descobrir antecipadamente quaisquer problemas envolvendo a possibilidade de seus sócios descumprirem suas promessas.

Por já ter lido até aqui, você deve saber até que ponto o sistema chinês pode ser arbitrário, e que essas proteções adicionais não oferecem garantias absolutas. Ainda assim, é muito mais difícil para os parceiros locais desvincularem-se de suas obrigações se estas forem desenvolvidas, documentadas e aprovadas desde o começo.

Outra grande vantagem das CJVs é que elas oferecem uma alternativa às restrições quanto à propriedade estrangeira de certos bens. Nos setores de mineração e energia, por exemplo, as entidades estrangeiras geralmente são proibidas de ter propriedade direta de reservas chinesas, mesmo que limitada a uma *joint venture* com um sócio local. No entanto, uma CJV, por se tratar de uma entidade chinesa, pode possuir uma parte, e o sócio estrangeiro pode participar através de vias contratuais, em vez de fazê-lo como um acionista em igualdade de condições.

Finalmente, se as coisas não caminharem bem em uma CJV, você terá ao menos evitado a frustração de ter de lutar para recuperar seu investimento.

É claro que muitas empresas chinesas ainda procuram por investidores estrangeiros, principalmente por causa do dinheiro. Mas muitas outras estão dispostas a se associar nessas bases por saberem que você tem outras coisas que elas precisam, como tecnologia, especialização em marketing e *know-how* de gerenciamento.

VÔO SOLO

Para a alegria daqueles que há muito investem na China, agora é possível evitar completamente o árduo processo de encontrar, examinar cuidadosamente e negociar com um sócio local. A wholly foreign-owned enterprise (WFOE) é muito mais fácil de estabelecer e controlar. Foi no princípio e na metade dos anos 1990 que essa estrutura foi disponibilizada. Mas só começou realmente a decolar depois de 2001, quando a ascensão da China à Organização Mundial de Comércio incentivou o veto a mais restrições a atividades de empresas estrangeiras.

Comumente chamado de "Wofie" (pronuncia-se *woe fee*), o formato WFOE, empresa de propriedade completamente estrangeira, foi introduzido principalmente para facilitar os investimentos estrangeiros na criação e desenvolvimento de empresas que visavam o mercado exportador. Vestígios dessa política ainda permanecem nas generosas suspensões de impostos concedidas a WFOEs que produzem exclusivamente para exportação.

Uma WFOE é uma empresa tecnicamente limitada que pertence a uma ou mais entidades estrangeiras. Apesar de haver a possibilidade de empresas estrangeiras se unirem para criar uma WFOE, isso não ocorre com freqüência. O mais comum é ser propriedade de uma única empresa estrangeira.

Desde 2003, as regras abrandaram consideravelmente na determinação do que a WFOE pode produzir para consumo local, mas em geral aqueles que fazem vendas domésticas continuam enfrentando o fardo dos impostos. Por exemplo, seus componentes importados não são candidatos ao reembolso de taxas que as WFOEs exportadoras geralmente obtêm.

Se por um lado a propriedade de 100% de uma WFOE pode livrar a empresa das batalhas com um sócio local, por outro pode privá-la de alguns benefícios, principalmente a presença local com boas conexões e uma sólida compreensão do ambiente. Isso pode fazer da WFOE uma escolha ruim para qualquer novato em termos de China.

Mesmo para investidores que conheçam o país relativamente bem e que sejam cuidadosos o suficiente para contratar gerentes locais adequados, uma WFOE provavelmente não conseguirá obter a influência institucional que pode ser oferecida por um sócio local de uma *joint venture*. Em vez disso, será vista como a entidade inteiramente internacional que é – apesar de todas as exigências impostas pela Organização Mundial de Comércio referentes ao tratamento igualitário para estrangeiros e nacionais com as quais a China concordou –, e isso pode trazer desvantagens na concorrência com empresários locais.

Mais recentemente, a China autorizou outra espécie de estrutura de WFOE, a qual permite que estrangeiros conduzam operações de venda e troca além de montagem e fabricação. Chamadas de FICEs (Foreign Invested Commercial Enterprises), elas têm sido cada vez mais aprovadas. Como uma espécie de WFOE, a FICE permite que você entre no ramo de vendas a varejo e por atacado – ou até em operações de franquias – sem um sócio local. Em muitos casos, as FICEs podem ser aprovadas somente em âmbito local, sem qualquer envolvimento de autoridades do governo central no Ministério do Comércio. No entanto, caso uma FICE proponha lidar com a distribuição de matérias-primas estratégicas ou atuar em uma indústria restrita, a aprovação ministerial de Pequim ainda será exigida.

MÁXIMA SIMPLICIDADE, MÍNIMA DESPESA

Como opção mais simples, você pode considerar abrir um escritório representativo na China. Dentre suas maiores limitações está o fato de um escritório representativo não poder faturar com bens ou serviços. Também é um pouco restrito em relação ao modo de contratar a equipe e à localização de suas propriedades. Mas para uma série de propósitos pode ser surpreendentemente flexível. Aliás, principalmente nos estágios iniciais, pode ser tudo o que você precisa.

Para muitas empresas, o melhor meio de estabelecer uma presença inicial na China é abrir um pequeno escritório representativo. Se, por exemplo, você quiser conduzir uma pesquisa de mercado preliminar, um escritório representativo lhe permitirá alugar um espaço onde ele possa funcionar, contratar funcionários e obter permissão de residência para você e para outros funcionários estrangeiros. A instalação pode ser feita em alguns meses, mas tenha em mente que, mesmo com toda a sua simplicidade, a estrutura do escritório representativo gera obrigações tributárias.

Apesar de a faturação ser proibida, o escritório representativo pode ser elevado a um nível bastante substancial. Se, por exemplo, você vender *commodities* importadas ou equipamentos manufaturados nos Estados Unidos, seus contratos de venda podem ser conduzidos entre o usuário final e sua empresa-mãe. Mas seu marketing, suas vendas e equipes de serviço podem atuar fora de seu escritório representativo.

Um escritório representativo também pode ser uma maneira de firmar suas operações de controle de qualidade e equipe de compra se a fonte de seus produtos for a China.

COPYRIGHTS E COPYWRONGS

Além dos problemas relacionados à estruturação de um projeto na China, provavelmente a maior preocupação em termos legais seja a fraca aplicação da lei no que se refere à proteção dos direitos de propriedade intelectual (DPI). Esse é um problema grave e aparentemente insuperável, e é difícil apontar algum setor que não sinta seus efeitos. Dentre os transgressores que mais chamam a atenção estão os que comercializam produtos piratas – tais como filmes de Hollywood e os últimos lançamentos musicais – em toda a China por um dólar ou menos cada CD ou DVD. Eu só preciso andar alguns metros ao sair do meu escritório para encontrar uma ampla seleção de lançamentos recentes, e, se caminhar um pouco mais, também posso comprar falsificações ilegais muito bem-feitas de camisas Armani, vendidas a cinco dólares cada, tênis Nike por dez dólares o par, bolsas Louis Vuitton, malas Samsonite ou casacos Burberry a 20 dólares cada. Aliás, é difícil dizer o que é mais perturbador: a variedade dos produtos falsos em oferta ou a sem-vergonhice dos fabricantes e vendedores que os comercializam.

De acordo com autoridades norte-americanas, cerca de 90% de todos os DVDs e softwares do mercado chinês são ilegais. A China, como enfatizam, representa o segundo maior mercado mundial de computadores pessoais, mas apenas o 25º maior mercado do software básico utilizado.

Mas o problema é muito mais profundo do que os softwares ou as falsificações de marcas de grife que encontramos nas ruas de Pequim. Alimentos, produtos medicinais e peças automobilísticas são apenas alguns dos milhares de produtos falsificados na China, e, além dos custos à economia, artigos como esses apresentam reais riscos à saúde e à segurança dos consumidores.

Outro aspecto perturbador referente ao DPI são as vastas quantidades de bens falsificados que agora alcançam os portos de exportação. O Departamento de Comécio dos Estados Unidos estima que dois terços das falsificações apreendidas pelas autoridades da alfândega norte-americana têm origem chinesa. A União Européia e o Japão reportam índices semelhantes. As empresas estão, portanto, lidando com uma ameaça que vai além do seu mercado nos limites da China. Enfrentam agora danos à sua reputação nos mercados de todo o mundo e se preocupam, além disso, com o risco de serem responsabilizadas pela baixa qualidade dos produtos que circulam sob seu nome. Em geral, de acordo com autoridades do comércio, a pirataria custa mais de 200 bilhões de dólares por ano à indústria americana.

Os governos ocidentais, inclusive o norte-americano, vêm pressionando a China há anos para melhorar as leis e sua aplicação no quesito dos direitos de propriedade intelectual (DPI). A pressão também vem crescendo na própria China, pois aumenta cada vez mais o número de negócios com interesses dessa mesma natureza a defender. Algumas das medidas mais extremas foram tomadas por prestigiados diretores de cinema, como Zhang Yimou e Chen Kaige. Em um esforço para proteger seus filmes mais recentes, esses diretores chegaram a extremos como dormir ao lado dos rolos de filmagem, ou contratar guardas armados. O público das estréias abertas foi revistado, passou por detectores de metais e foi monitorado com dispositivos de visão noturna enquanto assistia aos filmes. Mesmo com todas essas medidas, Chen, Zhang e outros artistas sabem que no máximo conseguem atrasar um pouco a fabricação e a difusão de cópias ilícitas.

A China apresenta sinais de uma postura séria perante essa questão. Conforme faz com outros problemas legais, o governo lançou retaliações periódicas, e tais incursões hostis são amplamente divulgadas em mercados e fábricas. As emissoras chinesas parecem não se cansar de exibir filmagens de policiais coercivos destruindo CDs e DVDs piratas apreendidos. Mas para os comerciantes ilegais, as incursões, multas ou perdas de inventário esporádicas são um mero custo de seu negócio, e eles logo encontram uma maneira de voltar à ativa.

Os especialistas acreditam que o progresso esteja a caminho, mas alertam que será lento. Para as autoridades do governo chinês, principalmente em âmbito local, a proteção aos direitos de propriedade intelectual tem poucas chances de encabeçar qualquer lista de prioridades. Os vendedores de produtos piratas podem estar violando a lei e prejudicando os interesses de negócios legítimos, assim como a reputação da China, mas eles também oferecem empregos e, provavelmente, até geram alguns impostos. Em comparação a outros problemas cuja pressão as autoridades chinesas têm de lidar, esse não chama muita atenção.

Mas para uma empresa estrangeira que seja vítima das falsificações chinesas, o problema pode ser perturbador e prioritário. Uma dessas empresas é a Will-Burt Company. Sediada em Orrville, Ohio, a Will-Burt manufatura uma variedade de produtos, inclusive um suporte para uma luz de telescópio desenvolvido para viaturas e outros veículos emergenciais. A empresa se associou a um parceiro chinês na província de Guangdong para distribuir os sistemas de luz na China. Inicialmente as vendas aumentaram para mais de 1 milhão de dólares por ano, mas de repente começaram a cair, diminuindo a cada ano até se reduzir a praticamente nada, segundo Jeffrey Evans, o presidente da Will-Burt.

A empresa logo descobriu que seu parceiro deliberadamente copiara o design de seu produto – juntamente com logotipos e manuais técnicos, sem sequer se dar ao trabalho de remover o endereço do site da Will-Burt – e começara a fabricá-lo e vendê-lo na China a preços muito mais baixos. Em testemunho perante o Congresso, Evans afirmou que era particularmente irônico que o cliente final da Will-Burt, a agência nacional de polícia chinesa, estivesse comprando produtos falsificados de empresas chinesas que violavam as leis que cabia a eles impor.

Ainda mais alarmante, no entanto, é o fato de que a Will-Burt tinha ciência do perigo e tomou precauções, agindo desde o princípio da maneira que julgava prudente. "Eu não sei o que mais poderíamos ter feito", contou-me Evans. "Tínhamos patentes, marcas registradas, acordos de confidencialidade, cláusulas de não-concorrência. Se você não pode evitar vendas ilegais com essas precauções, eu não sei o que é possível fazer."

UM TRABALHO DE SÍSIFO

É possível que nenhum ocidental saiba tanto quanto Mark Cohen sobre os problemas chineses relativos ao direito de propriedade intelectual. Advogado na área há tempos e com larga experiência em assuntos chineses, Cohen se uniu ao Escritório de Marcas e Patentes dos Estados Unidos, do Departamento de Comércio (USPTO), e foi, em 2004, destacado para a embaixada americana em Pequim como a primeira autoridade americana em patente a ser alocada em território estrangeiro. Sua função não é para qualquer um: monitorar o ambiente dos direitos de propriedade intelectual da China, conduzindo o governo chinês a melhores padrões e aplicações, e instruir as empresas americanas sobre como defender seus interesses. Muito adequadamente, o *Wall Street Journal* certa vez a qualificou como "um trabalho de Sísifo".

Apesar de toda a falta de estímulo, Cohen insiste em que as empresas americanas podem minimizar sua exposição e aumentar suas chances na selva chinesa do direito de propriedade intelectual. Uma chave para isso, ele me contou, é evitar o grande erro que muitas empresas cometem, ou seja, presumir que o sistema na China funciona como nos Estados Unidos. "Se você chegar aqui imaginando que os direitos à propriedade intelectual são definidos da mesma forma e executados da mesma maneira, você está inteiramente enganado", disse.

Ele insiste para que empresas norte-americanas tirem vantagem do que o sistema chinês oferece. Por exemplo, as patentes de designs e marcas de língua chinesa podem ser registradas a custos baixos na China. Isso não garante proteção, como demonstra claramente o caso da Will-Burt. Mas apresenta uma base mais sólida para ações legais ou administrativas futuras, principalmente enquanto os esforços do governo chinês continuam lentos.

Cohen também alerta para o fato de que as respostas legais devem ser cuidadosamente escolhidas e focadas em localidades onde possam fazer alguma diferença, tipicamente nas maiores cidades da China. Ele insiste que as empresas façam parcerias nas indústrias para coordenar e maximizar a pressão sobre os sistemas legal e administrativo.

Alguns especialistas em direitos de propriedade intelectual propõem ampliar o ataque para atingir outros atores sociais da indústria da pirataria. Cansados de correr atrás de produtores e vendedores que não justificavam seus esforços, algumas empresas começaram a procurar senhorios que permitissem que seu território alugado fosse utilizado para a comercialização de produtos ilegais. No final de 2005, por exemplo, um grupo de empresas que incluía Chanel, Gucci e Prada venceu uma briga no tribunal de Pequim e os donos de uma das principais feiras da cidade foram penalizados. Apesar de o valor do acordo não ter sido alto e de os produtos pirateados logo terem voltado àquela mesma feira, isso representa um novo e promissor ângulo de ataque.

A embaixada americana em Pequim mantém um "kit de ferramentas sobre direitos de propriedade intelectual" online em seu site na internet (http://beijing.usembassy-china.org.cn/protecting_ipr.html), com informações mais atualizadas e detalhadas sobre o que as empresas podem fazer para se proteger. Outro recurso útil é o Comitê para Proteção de Marcas e Qualidade, uma associação multiindustrial com mais de 140 membros que representam cerca de 50 bilhões de dólares em investimento estrangeiro na China (www.qbpc.org.cn).

PONTOS IMPORTANTES DO CAPÍTULO 2

1. Para um país que goza da merecida reputação de severo Estado policial, a China se mostra surpreendente e aflitivamente carente de leis com frequência. Esse paradoxo representa um potencial campo minado para os empresários estrangeiros. Além disso, as leis se modificam muito. Então, independentemente de quanto você já sabe a respeito da China, você precisará de ajuda profissional legal o tempo todo.

2. O sistema legal da China está se tornando cada vez mais acessível em todos os sentidos. Da legislatura aos tribunais, os cidadãos comuns e os empresários estrangeiros podem, igualmente, encontrar caminhos para opinar no processo de elaboração das leis e buscar reparação de problemas. O desempenho do sistema permanece restrito, mas você não deve desconsiderar a possibilidade de fazê-lo funcionar a seu favor.

3. A execução das leis existentes é freqüentemente fraca na China, mas você não deve presumir que possa fazer o que bem entender sem sofrer nenhuma conseqüência. Os estrangeiros são, por vezes, tratados com mais benevolência que os locais, mas nem sempre.

4. A escolha de como estruturar seu investimento é crucial. Existem mais opções do que nunca, e muitos investidores

estrangeiros se demonstram satisfeitos por não terem de embarcar na rota da *joint venture*. Atualmente é fácil estabelecer WFOEs na China. Mas para alguns a opção mais simples, um escritório representativo, pode ser suficiente.

5. A estrutura da *joint venture* oferece muitos riscos e geralmente a conduta dos sócios locais é extremamente frustante. Mas, em muitos casos, um parceiro bem escolhido pode trazer benefícios que só seriam alcançados pelo sócio estrangeiro com muito tempo e dinheiro – e às vezes nem assim. O potencial acesso a terrenos, a distribuição de canais, licenças, redes de fornecimento e apoio governamental podem compensar os riscos.

6. O regime dos direitos de propriedade intelectual na China é uma verdadeira selva, e, apesar de as empresas poderem tomar algumas providências para tentar se proteger, ainda não existem garantias de que sejam eficientes. Qualquer produto, desde softwares a sapatos e máquinas, pode ser e provavelmente será pirateado na China, e muitas empresas logo se vêem competindo com versões mais baratas de seus próprios produtos. Os especialistas esperam ver algum progresso nessa questão – principalmente porque cada vez mais empresários chineses são prejudicados pela pirataria –, mas avisam que levará algum tempo.

Capítulo 3
Diferenças culturais e etiqueta

Economistas e políticos podem discutir infinitamente sobre o fato de a China ser "diferente" ou "única". Alguns sustentam que, com a imensa população e vasto território, o ritmo repentino de desenvolvimento, a herança imperial grandiosa e a crescente influência do cotidiano moderno, a China simplesmente ocupa uma categoria única. A seqüência natural a essa visão é que o restante do mundo terá de adequar a maneira de lidar com o ressurgimento sem precedentes de uma personagem como essa no cenário mundial.

Outros olham para a China e insistem em que ela não tem nada de exclusivo. A Índia também está crescendo, afinal de contas, e é quase tão grande quanto ela. Aliás, a ONU estima que a população da Índia excederá a da China até a metade do século. Outras economias, no leste da Ásia e em outros lugares, cresceram tão rápido quanto a da China. E a história nos fala de muitas potências que passaram para o centro da ordem internacional tão logo sua riqueza, influência política e poderio militar o permitiram.

Nesse aspecto, a China atual pode ser comparada ao Japão, aos Estados Unidos ou à Alemanha, dentre outros. Cada um desses países, para o bem ou para o mal, alterou a ordem mundial ao se elevar ao status de grande potência. Então, se lidar com uma China emergente requer planejamento cuidadoso e estratégico, não se trata de nada que o mundo não tenha visto antes, e não existe qualquer necessidade de tratá-la como um caso especial.

O debate deve se estender por muito tempo no futuro. Mas isso é ao menos indiscutível: em termos de cultura, normas de etiqueta, comportamento social e sensibilidade política, a China é única. Ao mesmo tempo, o país está se transformando rapidamente, de modo que até mesmo os chineses afastados por algum tempo têm dificuldade de acompanhar tais mudanças. No entanto, quanto mais você souber sobre suas detalhadas e elaboradas normas, mais fácil será a sobrevivência no país e mais fácil será fazer as coisas acontecerem.

Um bom conhecimento básico de etiqueta chinesa pode não só garantir alguns pontos, mas principalmente oferecer valiosas noções a respeito dos métodos, dos motivos e das intenções dos chineses com os quais você lida. E ao passo que pequenos lapsos de etiqueta podem passar sem conseqüências, uma falha grave de apreciação de normas comuns e de expectativas pode prejudicar relacionamentos importantes e acrescentar conflitos desnecessários a seus negócios.

É claro que, para realmente desenvolver um certo instinto para essas coisas, nada substitui o tempo de experiência no local, prestando muita atenção e absorvendo tudo. Mas o que este capítulo pode fazer é ajudá-lo a começar a entender o que você precisa saber.

O CAVALHEIRISMO ESTÁ MORTO?

A etiqueta está se tornando um pouco menos importante do que já foi na China. Parte da mudança é atribuída à nova geração. Entre pessoas mais velhas, você encontrará atitudes tradicionais, e ao lidar com essas pessoas a etiqueta é importante.

Isso se aplica principalmente a pessoas que continuam trabalhando em empresas estatais da velha guarda ou em ministérios do governo mais inflexíveis.

Mas, assim como em outras sociedades, os chineses mais jovens tendem a ser mais informais que os mais velhos, mais abertos a influências externas, e, de maneira geral, mais fáceis de lidar. Na condição de estrangeiro, você irá considerar a interação com os jovens muito mais tranqüila.

Uma das razões para isso é que a nova geração se expõe mais ao mundo se comparada às gerações anteriores. A juventude urbana da China é composta por ávidos consumidores da cultura popular ocidental. Apesar de freqüentemente não pagarem por versões genuinamente legais, gostam muito de música popular ocidental, de programas de televisão norte-americanos e de filmes hollywoodianos. Independentemente de essas mídias transmitirem ou não uma imagem precisa da vida ocidental, elas indubitavelmente trouxeram aos chineses novas visões de culturas alternativas, assim como a compreensão de que as normas ocidentais diferem das normas chinesas.

Muitas das pessoas com as quais você tem de lidar provavelmente já viajaram ao exterior – às vezes por longos períodos. Muitos, aliás, podem ter passado anos estudando nos Estados Unidos, na Austrália ou na Europa. Em indústrias de tecnologia, você descobrirá que muitos até já trabalharam para empresas ocidentais no exterior, desde grandes multinacionais até pequenas empresas incipientes no Vale do Silício. Com toda essa experiência na bagagem, estão muito acostumados a lidar com estrangeiros e a se adaptar a culturas corporativas estrangeiras. O fato de você desconhecer a etiqueta chinesa dificilmente os desestimulará.

"As coisas mudaram", contou-me Andy Rothman, um estrategista da CLSA Asia-Pacific baseado em Xangai. "Antigamente, os negócios na China só eram feitos com autoridades de primeiro escalão. Agora, entretanto, 70% da economia da China e 80% de suas companhias são pequenas e médias empresas. Os negócios geralmente são feitos de empresa para empresa, e os empresários são muito parecidos com pessoas com as quais você lida em todo lugar."

Em muitos níveis, o olhar mais amplo de pessoas como essas é um bom indicador do quanto a China contemporânea evoluiu. Em minha opinião, lembra alguns dos momentos desajustados que vivi nos meus primeiros dias na China, em 1989. Em uma inocente tentativa de conversar sobre algum assunto que eu soubesse com meus poucos conhecimentos da cultura chinesa, eu freqüentemente perguntava às pessoas se elas já haviam viajado aos Estados Unidos.

A resposta quase sempre era negativa, e demorei mais tempo do que deveria para entender por quê – e, principalmente, para entender por que as respostas pareciam sempre tão embaraçosas.

Naquela época, alguns profissionais seniores provavelmente já haviam tido chance de fazer uma viagem internacional em algum momento da carreira, geralmente para algum lugar do bloco soviético, mas possivelmente aos Estados Unidos também. Muitos médicos e cientistas também tinham tido oportunidades de estudar no Ocidente.

Mas, para quaisquer outras pessoas, as probabilidades eram ínfimas, tanto que consideravam a pergunta ridícula. (Em situação semelhante, também aprendi a parar de perguntar às pessoas quantos filhos elas tinham. Para pessoas que conviviam com uma rígida política de controle de natalidade, que determinava o limite de um filho por casal, minha pergunta amigável soava como uma espécie de piada de mau gosto.)

Outro indicador das mudanças que ocorrem na China é a reação comum dos chineses que passam algum tempo fora e depois retornam. Muitos deles dizem que se sentem estranhos em sua própria cidade. Parte disso tem relação com o ritmo acelerado das novas construções. Os recém-chegados mal conseguem se guiar pelas novas estradas e mal conseguem reconhecer as vizinhanças – antes familiares – profundamente transformadas.

Além disso, sentem-se atropelados pela maneira como a cultura vem mudando. Desde o cenário político até as últimas modas e tendências e mesmo o novo vocabulário, encontram muita coisa diferente em seu próprio país.

VEJA SÓ! UM ESTRANGEIRO!

Sejam quais forem as dificuldades enfrentadas por essas pessoas que retornam ao país depois de um tempo, elas não podem ser comparadas à situação que você vai encontrar quando passar qualquer período na China.

Estrangeiros, não importa quão bem conheçam a língua chinesa, não importa há quanto tempo vivam no país, não importa até que ponto tenham dominado as sutilezas da etiqueta chinesa, sempre serão vistos como pessoas de fora e categorizados como tal.

Dentre as primeiras palavras chinesas que você deve aprender está a frase *lao wai*. A tradução literal é "velho estrangeiro", mas na realidade ela não se refere a idade. É simplesmente o termo vernáculo comum utilizado para se referir a um estrangeiro. Não é exatamente depreciativo, mas também não é afetuoso. É mais uma declaração explícita do óbvio, e, se você prestar atenção, perceberá que ele é sussurrado em sua presença o tempo todo.

As crianças apontam e gritam quando você passa. Os adultos não apontam e gritam, mas freqüentemente falam a seu respeito da mesma maneira, é quase mecânico. É simplesmente uma reação ao fato de você ser estrangeiro se destacar como característica dominante.

Como exemplo extremo, considere um notável cavalheiro chamado Sidney Shapiro. Advogado nascido no Brooklyn, ele se mudou para a China nos anos 1940, casou-se com uma mulher local, constituiu família e nos anos 1960 se tornou um cidadão chinês. Falando o idioma quase tão bem quanto um nativo, construiu uma carreira como escritor e tradutor literário e sustenta uma posição de prestígio no principal corpo de conselheiros do governo chinês, a Conferência de Consulta Política Popular da China. Ele mora há décadas na mesma casa tradicional com um pátio, em uma das ruelas do centro de Pequim.

Apesar de morar lá há décadas, uma vez em que eu tentava encontrar sua casa, há alguns anos, seus simpáticos e solícitos vizinhos logo perguntaram se eu estava à procura da "casa daquele estrangeiro", e em seguida indicaram a direção correta.

Minha própria família também serve como exemplo. Minha mulher, que é americana, mora em Pequim desde 1979. Eu cheguei em 1989, nossos três filhos moram na cidade desde que nasceram, e qualquer um de nós pode conversar com alguém por telefone durante muito tempo antes de nos entregarmos como estrangeiros. Mas ao encontrarmos nativos pessoalmente, somos imediatamente e irreversivelmente definidos como estrangeiros. E tudo a nosso respeito a partir de então passa a ser encarado por esse prisma.

Após passar algum tempo na China, você logo sentirá que o fato de ser estrangeiro é tomado pelos outros como a única característica que o define, e, por mais cansativo que possa ser, isso também traz algumas vantagens. Muitas mulheres de negócios estrangeiras, por exemplo, sentem que ser mulher na China é menos problemático do que em seu país natal, simplesmente porque o fato de serem estrangeiras prevalece sobre todo o resto.

Outra vantagem é que, como estrangeiro, não necessariamente se espera que você entenda todas as peculiaridades da etiqueta chinesa, então você pode cometer algumas gafes. E, como as expectativas são reduzidas, você pode conquistar pontos quando faz as coisas direito com facilidade.

COISAS GRANDES E COISAS PEQUENAS

Na China, quando o assunto é etiqueta existe uma distinção vital a ser feita entre o grandioso e o trivial, ou o que chamo de coisas grandes e coisas pequenas.

Coisas grandes: você pode cometer erros fatais se por engano for descortês com a pessoa errada, violar algum protocolo, envergonhar um parceiro importante ou constranger alguém quando o assunto for política.

Do lado da balança das coisas pequenas, existem algumas gentilezas que devem ser conhecidas e praticadas, mas, no fim das contas, elas são basicamente o que são: gentilezas e um pouco mais. É muito improvável que a sua forma de lidar com algum pequeno aspecto da etiqueta sele ou cancele um acordo.

Aliás, tenho uma pequena confissão a fazer quanto a isso.

Eu me espanto constantemente com empresários ocidentais que chegam à China acreditando que basta saber trocar cartões de visita com as duas mãos e tudo estará sob controle.

Se tiver lido qualquer coisa a respeito de negócios na China, você provavelmente se deparou com essa pérola, revelada como se fosse alguma espécie de antigo segredo chinês. Você pode até ouvi-la de alguém sentado ao seu lado no vôo de chegada. Um típico exemplo dessa revelação oracular apareceu em 2005, no jornal britânico *The Guardian*: "Na China, aceite os cartões de visita com ambas as mãos, como se fosse a coisa mais preciosa que já recebeu, um sábio amigo me contou".

Bem, caro grilo, isso não é exatamente um mau conselho. Mas provavelmente é um conselho superestimado. Sim, é verdade que entregar ou aceitar um cartão com ambas as mãos é considerado um gesto formal educado. Muitos chineses o fazem, e se estiver lidando com pessoas de altos cargos, é especialmente recomendável que você também o faça.

Aliás, você pode aderir à regra das duas mãos e praticá-la o tempo todo. Aproveitando o embalo, pode seguir todo o corolário: ao receber um cartão de alguém, você não deve guardá-lo casualmente no bolso sem antes olhá-lo. Em vez disso, deve analisá-lo e talvez até demonstrar seu interesse comentando algum detalhe, como o prédio ou a vizinhança do endereço escrito no cartão.

Também vale a pena escolher cuidadosamente a versão chinesa do seu nome. Muitos ocidentais simplesmente escolhem um nome com sílabas chinesas que tenham alguma aproximação fonética com o verdadeiro. Mas esses nomes geralmente não têm sentido para os chineses, e são fáceis de esquecer. Você pode causar uma impressão melhor escolhendo caracteres que tenham alguma relação com seu nome, mas que também tenham um bom significado em chinês. A maioria dos nomes chineses consiste em três sílabas: a primeira denota o nome da família e as outras duas se referem ao nome de batismo. Um bom começo seria escolher um sobrenome chinês padrão, cuja primeira letra seja a mesma do seu verdadeiro sobrenome. Com os outros dois caracteres, você também pode tentar incluir alguns dos fonemas de seu nome original, mas certifique-se de que o significado seja agradável. A escolha de um bom nome chinês é muito mais uma arte do que uma ciência, e vale a pena pedir conselhos a conhecidos literários chineses. Dedique algum tempo à seleção de um nome de que goste, e depois fique atento à reação que ele provoca. Quando definir um nome, o ideal é mantê-lo, já que ele será um elemento-chave da sua identidade na mente dos chineses com os quais você lida.

O que você deve lembrar, no entanto, é que nada disso constitui uma chave mágica para o sucesso. Se o seu negócio for sólido, a violação à etiqueta do cartão de visita não irá arruiná-lo. E se não for, o fato de seguir a etiqueta à risca não irá salvá-lo.

Coisas grandes, coisas pequenas e coisas menores

Em termos de etiqueta chinesa, preste atenção às coisas grandes – questões e falhas que podem custar caro. Estas incluem não tratar as pessoas importantes adequadamente, ignorar algumas cortesias, envergonhar um parceiro chinês, descontrolar-se emocionalmente, levantar questões políticas delicadas no lugar ou na hora errada. Atitudes como essa podem causar danos terríveis.

> Esteja a par das coisas pequenas – mas não se preocupe tanto com elas. Você pode ganhar muitos pontos ao dominar algumas normas de etiqueta em jantares, ao presentear alguém corretamente e ao lidar com cartões de visita. Mas alguns deslizes desse calibre não devem causar problemas.
>
> E não ignore as coisas menores – questões que podem lhe parecer triviais, mas que talvez sejam muito importantes para seu parceiro chinês. Seja pontual nas reuniões, não peça para ninguém pular uma refeição e informe-se a respeito dos feriados do calendário chinês.

A etiqueta envolvida em jantares se encaixa em uma categoria semelhante. Existe uma série de detalhes que é muito útil observar. Por exemplo, você não deve começar a comer se o anfitrião não tiver iniciado a refeição formalmente, geralmente com um simples brinde. Você deve evitar utilizar seus palitos (*k'uai-tzu*, em chinês) sobre as travessas de comida comum. Se você for o anfitrião, coloque um pouco de comida no prato de seu convidado antes de servir-se. E, se quiser ser muito elegante, vire os palitos de cabeça para baixo quando o fizer, para não utilizar a parte que pôs na boca.

A lista continua. Algumas das recomendações são completamente intuitivas para um ocidental. Se estiver servindo chá ou vinho, encha o copo dos outros antes de encher o seu. Também não é educado pegar o último pedaço de comida da travessa.

Outras recomendações são menos intuitivas. Se for utilizar um palito de dentes, por exemplo, a prática comum é manusear o palito com uma das mãos, enquanto utiliza a outra para esconder os lábios, mantendo os dentes e a boca aberta fora do campo visual. Estranhamente, no entanto, muitos chineses não têm pudores quanto a cutucar o nariz em público – considere o contraste um testemunho da natureza arbitrária dos modos em todos os lugares.

Do mesmo modo, muitos chineses não têm quaisquer restrições quanto a pigarrear alto e em seguida cuspir no chão, onde quer que estejam. Às vezes isso é feito em ambientes fechados, apesar de felizmente estar se tornando menos comum. Muitos ocidentais acham isso desconcertante. Podem enojar-se quanto quiserem, mas devem saber que os chineses sentem o mesmo quando os vêem assoarem o nariz em lenços que guardam de volta no bolso.

Quando o assunto é dar presentes, o costume chinês é recusar a oferta educadamente até três vezes. Então você deve ser cauteloso para não recuar e recolher o presente após a primeira recusa, pois criará uma situação desagradável se quebrar o ritual. Quando a pessoa finalmente aceitar o presente, não fique surpreso (nem ofendido) se ele ou ela não o abrir em sua presença. Esse é o costume chinês. Porém, não é problema convidar a pessoa a abri-lo na hora.

Existem também rituais-padrões envolvendo pedidos de desculpas e cumprimentos. Nas refeições, os anfitriões chineses freqüentemente se desculpam pela qualidade e pela quantidade de comida. Aliás, essa é uma forma comum de falsa modéstia, e seu anfitrião ficará extremamente ofendido se você aceitar as desculpas. A resposta adequada é não aceitar as desculpas e fazer comentários sobre a abundância e a magnificência do banquete.

Outro ritual chinês entra em cena ao fim de uma visita. Seja uma visita a uma residência ou a um escritório, a maioria dos chineses não se despede à porta. Em vez disso, freqüentemente acompanham seu convidado até a rua ou até o portão principal do prédio ou do condomínio e em seguida esperam até que ele entre no carro, acenando em despedida até o carro sair de vista.

Dependendo do grau de formalidade da situação, às vezes você só é acompanhado até o elevador. Mesmo nesse caso, no entanto, o anfitrião espera o elevador chegar e acena até que as portas se fechem. Quanto a todas essas práticas, você não tem como errar se conferir a seus convidados o mesmo tratamento. E é claro que você não deve levá-los em consideração quando insistirem repetidamente que não precisa acompanhá-los.

Também é costume chinês retribuir os aplausos a um público que o aplaudir. Independentemente de se tratar de um artista num grande palco, um orador em um pódio ou uma pessoa importante entrando em uma sala. Se você se encontrar em uma situação em que as pessoas o estejam aplaudindo, ignore o sentimento de estranheza e aplauda em resposta.

No tocante a muitas dessas normas de etiqueta menos expressivas, a melhor postura é prestar atenção, observar o que os outros fazem e aprender. Assim você não cometerá erros. E mesmo que cometa algum, lembre-se: são coisas pequenas. Pode ser que você deixe as pessoas pensando que os estrangeiros não têm boa educação, mas é provável que isso não as surpreenda – e elas não o julgarão por isso.

AS COISAS GRANDES

Você deve realmente prestar atenção às coisas grandes. São essas que o ajudarão ou o atrapalharão de forma significativa. Incluem questões comportamentais, a compreensão das convenções de comunicação e o estilo de negociação. Também envolvem o estilo chinês de trocas de favores e as peculiaridades ao discutir política.

Relações: quem é quem?

Administrar relações será um de seus principais desafios, e não há uma fórmula que se aplique a todas as situações. Você precisará ajustar seu comportamento quando estiver lidando com uma equipe, com parceiros de uma negociação e com burocratas. O primeiro passo é compreender quem é quem – e, principalmente, quem é o chefe.

Para os inexperientes, pode ser difícil lembrar-se dos nomes e das feições. Cada reunião o deixará com uma pilha de cartões de visita, e, para muitos que não falam chinês, pode ser complicado entender todos os Zs, Qs e Xs nos nomes. Assim, o fato de muitos sobrenomes chineses serem incrivelmente comuns não ajuda. Acredite ou não, mais de 100 milhões de pessoas na China tem o sobrenome Li. Os sobrenomes Chen, Zhang, Liu e Wang também são muito comuns.

Para aumentar a possível confusão, muitos nomes são compostos por um grupo relativamente pequeno de caracteres e sílabas foneticamente parecidas. Você também deve se lembrar de que os sobrenomes chineses vêm primeiro, e, com raras exceções, são compostos por uma única sílaba. Os nomes pessoais vêm em seguida, e podem ter uma ou duas sílabas. Por exemplo, no caso do presidente chinês Hu Jintao, o sobrenome é Hu e o nome é Jintao. Se você tiver a chance de conhecê-lo, a forma adequada de se dirigir a ele é "presidente Hu", e não "presidente Jintao" (e, no improvável caso de ele oferecer um cartão, seria uma ótima idéia aceitá-lo com ambas as mãos).

Conforme você lerá no capítulo 7, aprender chinês é na verdade mais fácil do que você imagina. Mas mesmo que não consiga aprender nada da língua, você deverá no mínimo adquirir uma familiarização básica com os sons e as convenções de transliteração, para que possa se lembrar dos nomes das pessoas e dos lugares e seja capaz de pronunciá-los.

Aprender a diferenciar os títulos também é muito importante. Qualquer um que lhe entregue um cartão de visitas está colocando essa informação crucial diretamente em suas mãos, quase sempre com uma tradução em inglês em um dos lados do cartão. Não há desculpa para não compreender. E pode haver conseqüências.

Não entender a hierarquia dos grupos chineses com os quais se reúne pode ser desastroso, principalmente se a falta de entendimento resultar em uma falha equivalente a não dar o reconhecimento devido a uma figura importante do outro lado da mesa. Ao longo dos anos percebi que russos que cresceram na era soviética estão entre os estrangeiros com melhor intuição em perceber quem é quem nas situações formais na China, graças às semelhanças entre a burocracia chinesa e a soviética. Mesmo não contando com essa vantagem, você precisa certificar-se de que sabe quem é o chefe.

Na burocracia do governo, o ministério (chamado *bu* em chinês) é a agência mais alta, seguido pela agência (*ju*) e pelo departamento (*si*). Em chinês, a maior autoridade de qualquer desses setores, seja homem ou mulher, é designada pelo sufixo *zhang*, que significa "cabeça" ou "chefe". Então, um ministro é um *buzhang*, um diretor de agência é um *juzhang* e um chefe de departamento é chamado de *sizhang*. Vindo depois do nome de uma província, uma cidade, um distrito ou um condado, o sufixo *zhang* denota um governador, um prefeito, um chefe de distrito ou de condado, respectivamente.

A maioria dessas agências conta com representantes oficiais, que são denotados pelo prefixo *fu*, que significa "vice" ou "secundário". Como forma de adulação, os chineses freqüentemente omitem esse prefixo quando se dirigem a algum desses representantes oficiais. Então, se estiver se reunindo com o vice-prefeito Wang, você ouvirá todos se referirem a ele como "prefeito Wang". Não há dúvida de que o vice-prefeito apreciaria ouvi-lo referir-se a ele dessa mesma forma.

Quando se trata de saber tudo nos mínimos detalhes, no entanto, e eles realmente precisam saber quem é quem, os chineses são bem claros quanto a classificações. Abrem mão de qualquer bajulação e são muito cautelosos na distinção entre, por exemplo, um prefeito e um vice-prefeito. Quando estão se preparando para receber algum grupo de outra organização, chinesa ou estrangeira, eles vão solicitar uma série de informações antecipadamente.

Quando as próprias organizações chinesas concedem esse tipo de informação, elas listam cuidadosamente cada membro em ordem classificatória (e também presumem, ao receber uma lista semelhante, que as pessoas estarão listadas de forma semelhante, portanto você provocará uma enorme confusão se entregar uma lista em ordem alfabética).

Outro aspecto importante a ser lembrado é o de que toda organização chinesa possui uma hierarquia paralela de autoridades do Partido Comunista. Em alguns casos, um chefe opera tanto a estrutura administrativa quanto a do partido. Mas quando não é esse o caso, você deve se lembrar de que quase sempre o chefe do partido é mais importante que o líder administrativo. No topo do governo chinês, por exemplo, isso significa que Hu Jintao, como secretário-geral do partido, é o chefe máximo. O líder do governo, o primeiro-ministro Wen Jiabao, é o terceiro homem na liderança do partido. E é a hierarquia do partido que efetivamente conta.

Outro erro comum que alguns ocidentais cometem na China é gravitar em direção à pessoa que fale inglês melhor em qualquer grupo. É uma tendência perfeitamente natural, já que essa talvez seja a única pessoa com a qual poderão se relacionar ou conversar de forma substancial. Mas isso também pode vir a distorcer suas prioridades.

Não concentre a atenção numa pessoa apenas pelo fato de ela falar bem o inglês. Isso vale principalmente porque muitos dos que falam inglês tendem a ser mais jovens, e seu verdadeiro alvo são as pessoas mais velhas. As pessoas que por hierarquia exercem a mesma função que você podem sentir-se diminuídas ao perceber que você se aproxima mais de algum de seus jovens subordinados.

Relações: o que é o quê?

Depois que descobrir quem é quem, o que você precisa saber para manter as coisas bem, amigáveis e produtivas? Em qualquer relação de qualquer grau, dois conceitos muito importantes sempre estão presentes. Assim como no caso da etiqueta referente aos cartões de visita, ambos são muito abordados por ocidentais, e talvez você já tenha sido alertado sobre sua importância. A diferença, no entanto, é que, diferentemente dos cartões de visita, estes conceitos realmente importam.

Um é o "aspecto", geralmente chamado de *mianzi* em chinês. O outro é o *guanxi*, ampla mas incompletamente traduzido como "conexões". E trata-se de dois *commodities* extremamente valorizados na China.

Aspecto: os fatos

O conceito chinês de aspecto é um assunto extremamente rico e cheio de sutilezas, mas se você quiser resumi-lo da forma mais simplificada possível, trata-se da soma daquilo que é publicamente conhecido a respeito de alguém. Ou seja, é a reputação da pessoa.

Com isso em mente, não é difícil compreender de que maneiras o aspecto (reputação) pode ser dado, perdido ou salvo. Qualquer coisa que você possa fazer para causar boa impressão a respeito de alguém, ou incrementar sua posição, é para dar-lhe bom aspecto. E qualquer coisa feita para prejudicar a imagem do outro faz com que perca seu aspecto.

Esse não deve ser um conceito estranho aos ocidentais. Afinal de contas, não é natural querer ter uma boa imagem e saber que os outros pensam coisas boas a seu respeito? O que é diferente na China é a maneira pela qual a noção de aspecto foi codificada em uma construção social explícita e elaborada, e a dimensão de sua ênfase. Para a maioria dos ocidentais, o senso de aspecto pode se fazer presente como uma preocupação de fundo, mas não é sempre uma questão central. Para a maioria dos chineses, no entanto, tende a ser uma preocupação primária, conscientemente avaliada e cuidadosamente medida o tempo todo.

Aliás, existem graus de aspecto. A forma cotidiana mais comum é *mianzi*. Mas, para questões mais sérias, a terminologia muda – o que se perde não é *mianzi*, mas *lian*. Se, por exemplo, seu cônjuge for visto discutindo com você em público, isso se reflete negativamente e resulta em perda de *mianzi*. Mas, se for a público que seu cônjuge arranjou um(a) amante, então a situação é pior, e o que ocorre é perda de *lian*.

No contexto empresarial, a maioria das negociações eventualmente envolve questões de aspecto. Como simples ilustração, imagine que você esteja em algum dos muitos mercados de roupas de Pequim, conversando com um vendedor a respeito de um casaco de *cashmere* que chamou sua atenção. Inicialmente, a negociação foca no valor da roupa em si. O comerciante justifica o preço alto pela boa qualidade do material e pela excelente manufatura.

Logo outras pessoas passam a prestar atenção à negociação, e gradualmente sua oferta cresce enquanto o preço que ele pede decresce. Nesse momento, a diferença se resume a uma quantia trivial. Você faz sua oferta final, ele recusa, e você começa a se afastar. Em seguida, ele o chama outra vez e acrescenta um pequeno valor à sua oferta final, apenas para "não deixá-lo com uma impressão ruim".

Assim, a decisão final é sua. Porque, com as pessoas olhando, o vendedor provavelmente preferiria perder o negócio a perder a disputa por concordar com sua oferta final.

Essa manipulação psicológica ocorre em qualquer situação, desde os maiores e mais complexos acordos até os mais simples comportamentos interpessoais, e às vezes você pode se pegar imaginando se *aspecto* não é apenas um termo chinês glorificado para orgulho infantil e teimoso.

Mas, seja qual for o termo que escolha empregar, seja qual for sua opinião a esse respeito, você terá de lidar com isso. E não importa qual seja a negociação em questão, você sempre deve planejar deixar um pouco de sobra em sua "oferta final" para a oferta de fim de jogo que envolve o aspecto.

Contudo, o aspecto não é um fator apenas em negociações de dólares e centavos. Será um fator em praticamente qualquer interação que tiver com pessoas locais.

Conectando-se: o guanxi

Mais do que o aspecto, o conceito total de *guanxi* desafia a tradução em uma só palavra. A tradução direta é muito simples: significa "relação" ou "conexão", e a palavra é freqüentemente utilizada nesse sentido estreito. Quando falar sobre a relação entre dois países, por exemplo, *guanxi* é a palavra adequada. Também é utilizada no sentido lógico e casual de se referir a, digamos, uma conexão direta entre uma causa X e um efeito Y.

Mas, quando for utilizada em negociações e burocracias, *guanxi* tem um significado muito mais amplo, incluindo tudo, desde "conexões" a "rede" e a "estabelecer".

Novamente, não é um conceito totalmente estranho. Em termos americanos, pode ser comparado à idéia de que o sucesso nos negócios depende de "quem você conhece, e não do que você sabe". Não há dúvida de que o acesso a bons contatos pode representar uma grande vantagem em negociações americanas. Esteja você procurando um emprego ou buscando selar um acordo, conhecer as pessoas certas pode ajudá-lo a colocar um pé na entrada ou a subir alguns degraus.

Conforme atestam incontáveis escândalos envolvendo subornos e influência pessoal em Washington, o acesso a pessoas importantes também representa uma *commodity* extremamente desejada nos Estados Unidos. Mesmo assim, é justo dizer que existem certos limites para a utilização de conexões.

Conforme se pode ver no capítulo 2, no entanto, as restrições na China podem ser bastante frouxas. Com leis e instituições tão fracas e com tanto poder arbitrário nas mãos das autoridades, a importância de "quem você conhece" pode ser muito maior.

Essas mesmas condições é que favorecem os altos índices de corrupção na China, como veremos no capítulo 8. Apesar da relação próxima, *guanxi* e corrupção na verdade são conceitos bem diferentes. Você pode pensar em *guanxi* como corrupção sem suborno material. Os favores concedidos podem ser semelhantes, mas a motivação é inteiramente diferente.

A corrupção e o suborno são muito comuns na China, mas quando há envolvimento de *guanxi*, a história é diferente. As pessoas poderosas não contornam regras por dinheiro. Elas o fazem por obrigações inerentes, percebidas nas relações com os receptores dos favores.

A importância dessas relações é determinada de forma hierárquica. No topo estão as conexões familiares – mesmo as mais distantes –, seguidas pelas amizades. Pessoas que vêm da mesma cidade ou da mesma vila sentirão alguma obrigação ou algum laço uma com a outra. A relação entre colegas de escola também é surpreendentemente importante; mesmo pessoas que não foram particularmente próximas durante os anos de escola valorizam bastante a relação entre colegas de classe.

Você deve se lembrar disso toda vez que fizer alguma transação no banco de favores chinês: independentemente de atuar como agente que concede ou que recebe o favor, a contagem é rígida. E, diferentemente das pequenas normas de etiqueta, os chineses geralmente esperam que você compreenda as regras e aja de acordo com elas. Isso é uma via de mão dupla. As pessoas que vêm até você pedir favores – empréstimos pessoais, ajuda com um visto ou com a obtenção de emprego – entendem muito bem que estão assumindo uma dívida sob a forma de um favor recíproco de igual magnitude. E esperam que você cobre o favor, mesmo que anos mais tarde. De sua parte, você deve lembrar-se de suas próprias dívidas quando solicitar de alguém um favor.

Numa ilustração sucinta de como o *guanxi* e o banco de favores – somados ao caprichoso ambiente das leis da China – podem determinar resultados, considere uma simples disputa que atingiu a empresa da minha esposa há alguns anos.

A empresa vendeu equipamentos de laboratório importados a um instituto no distrito universitário de Pequim. As partes tinham um contrato direto de venda, mas depois que o equipamento já tinha sido entregue, o comprador se recusou a pagar o preço combinado, em torno de 20 mil dólares. O caso foi a tribunal, mas foi tratado como uma questão ordinária. Tendo estabelecido claramente que o comprador havia assinado um contrato e aceitado o equipamento quando este foi entregue, o tribunal determinou que o valor fosse pago.

De acordo com o procedimento-padrão legal chinês, a sentença foi então passada ao departamento de aplicação do distrito. Teoricamente, esses departamentos são responsáveis pela implementação de decisões judiciais e têm o poder de tomar medidas extremas, tais como congelar contas bancárias e confiscar e vender propriedades.

Mas, nesse caso, os oficiais que deveriam aplicar a sentença se recusaram a agir contra o comprador. Foi extremamente constrangedor, disseram, pois o instituto era localizado em seu próprio distrito, e eles tinham conhecidos lá. É claro que a razão pela qual o caso chegou a esses oficiais foi o fato de a transação ter ocorrido lá. Era daquela jurisdição! Mesmo assim, disseram, forçar o instituto a pagar "arruinaria o bom relacionamento", e simplesmente preferiram não forçar. Próximo caso.

Por mais estranha que pareça essa situação, na verdade esse resultado é bastante comum na China em casos que envolvam litigantes locais e estrangeiros. Estima-se que, em âmbito nacional, não mais que 60% das sentenças relativas a julgamentos monetários sejam executadas. Em algumas partes mais afastadas do país, esse índice pode ser muito baixo, em torno de 10%, de acordo com um jornal oficial chinês.

Mas, para sorte da empresa da minha esposa, a questão não acabou aí. E nem o papel do *guanxi*. Aconteceu que o sócio majoritário do escritório de advocacia que representava a empresa, tinha sido colega de escola de um alto funcionário do Departamento de Segurança Pública. Houve telefonemas, refeições compartilhadas, e a sentença finalmente foi imposta. E é claro que o advogado passou a dever um favor ao funcionário. Esse episódio não testemunha em favor da eficiência do sistema legal da China. Mas certamente diz muito a respeito de como o *guanxi* realmente funciona.

Comunicação: sinais sutis

Uma chave para a navegação bem-sucedida através dos reinos nublados do aspecto, do *guanxi* e da etiqueta chinesa é entender que mesmo as normas mais básicas de comunicação são muito diferentes do que foram um dia.

Para começar, na China as pessoas são muito relutantes em dizer "não", mesmo que seja isso que desejam. Evitar sentir que as pessoas estão sendo ambíguas ou enganosas requer esforço e costume. Mas, em muitos casos, esse comportamento vem do impulso de evitar uma situação desagradável e um aspecto (reputação) prejudicado, que – na visão chinesa – viria com o pedido de alguma coisa e a não concretização do que foi pedido. A típica resposta a um pedido que não pode ser atendido é uma promessa de "levá-lo em conta", "estudá-lo" ou consultar superiores a respeito. O perigo de exigir uma resposta mais firme é forçar um sim que na verdade não signifique um real comprometimento e seja completamente inútil.

Outra peculiaridade que envolve os modos sutis de comunicação é a tendência de os chineses serem muito literais. Isso significa que a ironia e o sarcasmo não são muito praticados nem bem compreendidos. Também significa que uma pergunta específica receberá uma resposta específica, sem qualquer esforço para incorporar outras informações relevantes que possam interessar a você.

Há anos, por exemplo, quando eu estava em uma loja de departamentos em Pequim à procura de uma cafeteira, a atendente expôs seu impressionante conhecimento sobre os produtos, respondendo a cada uma das perguntas que fiz a respeito de cada um dos modelos. Mas quando fiz a minha escolha, ela disse que não tinha a cafeteira no estoque. Escolhi outra, e ela disse que também não tinha. Na verdade, eu tinha poucas opções, e achei estranho ela não ter dito de cara quais estavam disponíveis no estoque. Em vez disso, ela deu respostas bastante características de um chinês. Eu havia perguntado sobre os atributos das cafeteiras, e ela respondeu sobre os atributos. Com isso aprendi que a primeira coisa a fazer em uma situação semelhante é perguntar antes: "Quais delas você tem no estoque?", e continuar a partir daí.

A lição geral é que os chineses provavelmente não irão adiantar qualquer informação que não tiver sido solicitada;

então, se você algum dia pensar: "Eles teriam me dito se fosse o caso!", você certamente estará enganado.

Complicado? Pode apostar!

Uma palavra que você pode esperar ouvir com freqüência na China é "complicado". Às vezes, ela vem com um suspiro desesperançoso, como que para explicar por que as coisas não estão caminhando tão bem quanto você gostaria. Outras vezes ela aparece de forma alarmante, implicando que há fatos que você desconhece, e que é melhor não insistir. Muitas vezes ela é proferida simplesmente como uma desculpa.

É verdade que as coisas na China são complicadas – se não fossem, este capítulo não seria necessário. Mas, como muitas vezes elas são de fato complicadas, isso acaba atuando como uma desculpa em situações que talvez não sejam tão difíceis assim. Em diversas ocasiões me disseram que as coisas eram "muito complicadas" (*tai fuza* em chinês), e que "você não pode entender" (*ni mei fa lijie*), então pensei: "Não é nada complicado. Na verdade é muito simples, e entendo muito bem: esse cara quer mais dinheiro!"

A estratégia do "muito complicado" apresenta outra situação na qual você deve ser extremamente cauteloso. Você não quer e não deve cometer o erro de insistir demais em uma situação em que não seja adequado fazê-lo, mas você também não quer e não deve ignorar sua opinião simplesmente para não insistir. É fácil se prender à idéia de que, enquanto estiver na China, você deve se submeter às sensibilidades chinesas. Com essa atitude, os outros facilmente se aproveitam de você, e você deve se lembrar de que os chineses com quem negocia também estão se inserindo em território desconhecido, e, portanto, também devem estar preparados para se ajustar.

Você se identifica?

Munido de alguma compreensão do que provavelmente está se passando na mente dos chineses em suas relações interpessoais, você pode começar a pensar em como abordar suas próprias relações.

Lidando com empregados e colegas – Ao lidar com essas pessoas, você deve se lembrar de que muitos comportamentos ocidentais tendem a provocar impressões indesejadas nos chineses. Isso não significa que você precisa abandonar sua maneira de se comportar ao passar pela alfândega e esperar que seu passaporte seja carimbado para entrar na China. Mas você pode evitar uma série de problemas estando a par de como algumas situações são recebidas, moldando-as para minimizar um potencial estrago.

Para proteger a reputação dos outros, os chineses tendem a omitir diversos fatos óbvios. Eles relutam, por exemplo, em chamar a atenção para os erros ou as falhas de alguém. Essa atitude evita constrangimentos, mas significa que muitas organizações chinesas executam um trabalho ruim em termos de analisar erros, aprender com eles e evitar que se repitam.

No que se refere ao setor médico chinês, então, qualquer suspeita de conduta indevida tende a ser discretamente ignorada. Se o padrão de comportamento fosse semelhante ao do sistema americano – em que há inspeções rigorosas e as decisões e procedimentos são criticados –, muitos médicos teriam a reputação prejudicada. Conseqüentemente, a capacidade de melhorar os sistemas e procedimentos acaba sendo sacrificada.

Qualquer gerente ocidental deve, portanto, achar um equilíbrio para lidar com os empregados chineses. Claramente, você não deve alterar seus padrões nem tolerar desempenhos inaceitáveis de seus empregados. Mas se alguma crítica for feita de forma descuidada na frente de outras pessoas, causará grande ressentimento. Quando uma crítica for necessária, ela deve ser feita em particular.

Eis um terapeuta... – Muitos gerentes se surpreendem com a freqüência com que os chineses os procuram em virtude de seus problemas particulares. Isso pode tomar muito tempo, e é fácil encará-lo como uma distração desnecessária do trabalho. Mas empreender algum esforço em seu papel de "terapeuta do escritório" pode gerar valiosos dividendos, tanto em termos de entender melhor seus empregados quanto no sentido de conquistar a confiança deles. Além disso, a decisão de recusar essas requisições pode deixar seus empregados com a impressão de que você está negligenciando uma parte importante de sua responsabilidade.

Para entender as expectativas desses empregados, você precisa compreender a vital importância de *danwei*, ou "unidade de trabalho", que, sob o sistema de empresas estatais, controlava virtualmente todos os aspectos da vida dos funcionários. Onde quer que trabalhassem – fosse numa fábrica, em uma universidade, num ministério do governo ou numa empresa –, essa filiação institucional representava grande parte de sua identidade. O *danwei* também assumia responsabilidade por quase todos os aspectos práticos da vida dos funcionários. Moradia, cuidados médicos e educação de seus filhos – o *dawnei* cuidava de tudo. Além disso, havia questões pessoais, como acordos de divórcio e até planejamento familiar.

Tudo isso resultou em uma forte expectativa entre os trabalhadores chineses de que seus empregadores desempenhariam um papel na resolução de seus problemas. O sistema *danwei* está acabando, mas muitas pessoas ainda esperam que seus chefes estejam a par de seus problemas pessoais e se preocupem com eles, e até ajudem a resolvê-los. Não é incomum passar horas em reuniões emotivas com empregados que o procuram com suas crises particulares, que envolvem desde a vida amorosa até os problemas com os senhorios.

Como você deve reagir? Talvez você não queira ou não possa ajudar muito, mas deve ao menos dedicar algum tempo para demonstrar um pouco de compaixão e preocupação. E isso pode significar resistir ao impulso de dizer a alguém que pare de incomodá-lo com problemas pessoais e volte ao trabalho.

... e um orientador vocacional – Outro desafio comum para gerentes na China é fazer com que os empregados chineses exerçam a iniciativa própria. As coisas estão mudando, obviamente, conforme a economia de mercado competitivo cresce e se fortalece. Aliás, a capacidade de tomar iniciativa já é praticada com mais freqüência por empresários chineses que têm seu próprio negócio. Mas em muitos casos você verá que as pessoas que trabalham para você (e não para si próprias) são relutantes em termos de assumir riscos, experimentar coisas novas ou tomar decisões por conta própria.

As razões são oriundas, em parte, do sistema educacional chinês, que há tempos estimula o conformismo. A burocracia chinesa tradicional também estimula a disciplina e o conformismo, oferecendo muitos riscos e pouco incentivo a qualquer um que se desvie dos papéis e das práticas tradicionais.

Isso significa que se você quiser que seus empregados pensem de forma alternativa e exercitem a iniciativa própria, terá de encorajá-los explicitamente e guiá-los diretamente. A expectativa-padrão de muitos empregados chineses é trabalhar de acordo com padrões bem definidos, executando tarefas e procedimentos específicos. Se você quiser que eles trabalhem de acordo com um modelo tipicamente ocidental – no qual os empregados recebem metas e devem atingi-las à sua própria maneira – terá de explicar essas expectativas com clareza e guiá-los nesse processo.

Lidando com reguladores e burocratas

Na China, as relações com os reguladores e os burocratas são extremamente importantes. Com poderes para conceder ou rejeitar diversas aprovações das quais você necessita para operar, eles podem controlar o destino de seus negócios. No capítulo 8 falaremos dos problemas que podem surgir quando esses oficiais se rendem às óbvias tentações da corrupção.

Mas mesmo quando não solicitam subornos definitivos, a maioria desses funcionários oficiais exige respeito e o reconhecimento de seu poder. Uma tarefa muito importante, mas facilmente esquecida, é a de manter contato regular com esses funcionários oficiais. Depois que suas aprovações iniciais são obtidas, o papel formal de alguns desses funcionários pode se encerrar, mas isso não significa que você deva deixar de prestar atenção a eles. Eles podem ajudar muito se você encontrar problemas futuramente, e é uma ótima idéia manter laços amigáveis com eles através de convites ocasionais para jantar.

No caso de funcionários que tenham constante envolvimento com seus negócios, também é interessante manter um contato mais freqüente, e não procurá-los somente quando questões relativas a trabalho estiverem envolvidas. Esse tipo de relação mais amigável e casual pode deixar sua organização em uma situação mais confortável quando os negócios representarem um problema.

Mas não se trata de delegar jantares e presentes à sua equipe local. Esses encontros amigáveis são muito mais eficientes quando, ocasionalmente, os dirigentes do seu lado se envolvem diretamente. Se possível, é bom que os principais chefes das matrizes viajem à China de vez em quando, e que o façam com a agenda suficientemente flexível para poder acomodar esses encontros de cortesia.

Quando houver algum problema, a regra mais importante é manter o clima educado e amigável. Mesmo em situações adversas com um regulador, essa regra é vital. Você pode sentir a necessidade de agir com firmeza e até de recusar requisições de funcionários oficiais, mas se você se descontrolar ou se tornar agressivo e os confrontar, reduzirá drasticamente as possibilidades de resolver os problemas de forma satisfatória.

Uma gerente americana que trabalha na Índia, falou-me recentemente de um confronto que teve com um senhorio que exigiu que ela não recebesse visitas após determinada hora. Após uma enorme discussão, o senhorio se recusou a ceder e a inquilina encerrou a discussão dizendo que ela iria receber os convidados que quisesse independentemente da hora, desafiando o senhorio a tomar uma atitude a respeito.

A situação acabou bem para ela na Índia, e o senhorio recuou. Mas eu pensei comigo mesmo que na China essa estratégia resultaria em um desastre absoluto. Em resposta a um desafio desses, um senhorio chinês ficaria tão enfurecido pelo desrespeito à sua autoridade (e à sua reputação) que se sentiria obrigado a "fazer alguma coisa a respeito" para demonstrar seu poder.

Mas, com um sorriso, um tom civilizado e alguma paciência, você pode conseguir o que desejar dos reguladores. Conforme já vimos, as políticas, as regras e as leis são freqüentemente negociáveis, e os funcionários oficiais geralmente têm bastante liberdade de ação. Uma atitude correta pode fazer maravilhas em termos de conseguir que esses funcionários ajam em seu favor.

Negociando na China

Todos esses elementos de comportamento social estarão presentes em cada aspecto de sua vida cotidiana na China, em seu escritório e na cidade. Mas é numa mesa de negociações que a importância se acentua.

Existem muitos livros enormes que abordam com profundidades as táticas chinesas de negociação. Eles tratam de diversos aspectos, desde a teoria sociológica até a aplicação prática de técnicas de negociação políticas e comerciais. Alguns dos mais importantes estão listados na bibliografia.

Conforme você logo deve descobrir em suas transações na China, os negociadores são armados com um completo arsenal de técnicas cruéis por meio das quais buscam se favorecer, desestabilizando seus parceiros estrangeiros. Um dos ataques preferidos é a imposição de prazos artificiais para forçar rápidas concessões. Outro consiste em introduzir questões secundárias com a finalidade de desviar a atenção das questões principais ou em reabrir questões que já estavam encerradas para prolongar as negociações e cansar o parceiro. Os empresários estrangeiros são particularmente vulneráveis a essas táticas quando estão instalados por um longo período em um hotel de segunda categoria de alguma cidade chinesa sem atrativos.

Em situações como essas, infelizmente, esses empresários devem presumir que suas comunicações estão sendo monitoradas. Apesar de parecer paranóico presumir que tudo está sendo monitorado o tempo todo, trata-se de uma possibilidade real, principalmente se a negociação em questão envolver algum acordo de alto valor e alto nível para o lado chinês. Isso significa que é uma boa idéia chegar com alguns parâmetros determinados e alguns tópicos preparados em vez de desenvolvê-los com a matriz durante as negociações.

Os negociadores chineses também tentarão se valer de sua insegurança quanto a operar na China e de seu desejo de agir de acordo com as sensibilidades chinesas. Você pode esperar ouvir o argumento estratégico de que é "muito complicado", ou de que "as coisas não são feitas desse jeito".

Em face dessas táticas, paciência e compostura são elementos-chave para um resultado eficiente. Qualquer demonstração de que você está desesperado para ir embora só levará a um aumento da pressão. Irritação e firmeza não são necessariamente inadequadas, mas só serão produtivas se forem mantidas sob controle. Uma explosão refletindo uma perda genuína de controle tende a enfraquecer sua posição.

Manter a compostura nem sempre é fácil em face de táticas claramente provocativas. Sufocar sentimentos de irritação também pode ser um desafio, já que os negociadores chineses raramente demonstram qualquer sinal de apreciação pelo modelo "ganhar de qualquer maneira". Existe uma piada antiga, mas reveladora, a respeito da China que resume bem isso: uma galinha chinesa estava negociando com um porco estrangeiro para estabelecerem uma *joint venture* e, quando chegou o momento de decidir o que iriam produzir, a galinha chinesa propôs – o que mais poderia ser? – presunto e ovos.

Manobras políticas

Nos Estados Unidos, a Segurança Social há tempos é descrita como o aspecto "intocável" das políticas domésticas: mexa com ela e será atacado. Na China, a política em si já foi mais ou menos intocável no que diz respeito ao discurso social, trazendo conseqüências igualmente perigosas para quem se envolvesse por engano. Durante as intermináveis campanhas de massa que assolaram a China durante as décadas de 1950, 60 e 70, os ventos políticos sopraram com força, e surgiam sem aviso prévio. Uma declaração indevida que caísse nas orelhas erradas poderia resultar em desastre. Uma das histórias mais incríveis que escutei durante meus anos na China foi contada por um amigo da província sulista de Zhejiang. Ele passou uma década preso em confinamento solitário porque, no auge da loucura política da Revolução Cultural, ouviram-no questionar sobre a sensatez das políticas de crescimento populacional instituídas por Mao. O fato de a China ter mudado totalmente essa política depois da morte de Mao, instituindo sua notória política de um filho por casal, não lhe serviu de grande consolo. Sua história não é a única. Muitos outros sofreram por ofensas igualmente inócuas.

Pelos padrões ocidentais, a vida política e civil na China permanece opressora ainda hoje. O governo vive em constante alerta contra qualquer tentativa de publicar opiniões não sancionadas ou até de se engajar em qualquer atividade política, por menor que seja, que possa contestar o monopólio absoluto do Partido Comunista no poder. Pessoas que tentam convocar multidões são tratadas de maneira absolutamente severa. Sentenças de longos anos de prisão são aplicadas freqüentemente a blogueiros da internet, a pessoas que façam campanhas em prol dos direitos humanos ou a ativistas. Resumindo, quaisquer cidadãos chineses que se organizem em torno de alguma causa o fazem sob grande risco.

Apesar disso tudo, também é justo dizer que as coisas se acalmaram consideravelmente nos últimos anos. Desde que não tenham publicações e nem organizações formais, as pessoas geralmente se sentem livres para discutir questões políticas, mesmo em locais públicos. Em mesas de restaurantes próximas à sua, você pode escutar piadas ridicularizando os principais líderes do país. Às vezes, essas piadas até circulam por e-mail ou torpedos. Você também pode ouvir alguma reclamação amarga sobre a corrupção ou sobre políticas de governo impopulares. Mas todos na China entendem que essa liberdade de opinar negativamente a respeito do governo durante o jantar é uma coisa, desafiá-lo é outra bem diferente.

Como estrangeiro nesse ambiente, é de bom grado ter atitudes comedidas. Conforme for conhecendo os habitantes locais, você terá amplas chances de se manifestar – e até de discutir fervorosamente, se desejar – a respeito da política do país. Mas enquanto não chegar a esse ponto, você precisa certificar-se de que o momento e o local são adequados. As primeiras reuniões não são apropriadas para a abordagem do assunto. Uma ocasião muito formal, como um jantar ou uma reunião com um grande grupo, não é um bom lugar. E tenha em mente que mesmo com pessoas que conheça bem, com as quais tenha desenvolvido boas relações pessoais, discutir política na presença de seus chefes pode gerar respostas vagas e talvez até momentos de silêncio constrangedores. Além disso, pode fazer com que sua contraparte duvide de sua confiabilidade e de seu juízo.

No caso de funcionários oficiais mais velhos, você pode nunca encontrar um momento adequado. Os funcionários de alto escalão vivem sob constante pressão para evitar dizer coisas que contradigam as políticas governamentais. E, é claro, eles têm muito a perder.

Tenha você escolhido iniciar uma discussão política ou tenha simplesmente se encontrado em meio a uma, é crucial que reconheça os riscos e as sensibilidades envolvidas, além de entender algumas das questões centrais. Você pode até ter opiniões passionais a respeito de algumas questões e sentir-se indignado com algumas políticas e alguns comportamentos do governo chinês. Você certamente não precisa abandonar suas opiniões, mas é bom que saiba o que elas envolvem se escolher verbalizá-las. Sobretudo, você precisa saber quais são os tópicos mais complexos. Abaixo segue uma pequena revisão de alguns dos tópicos mais delicados.

TÓPICOS DELICADOS

Encabeçando a lista de tópicos delicados, sem dúvida está Taiwan. No capítulo 8 você lerá sobre algumas das armadilhas nas quais algumas empresas podem cair se não souberem lidar adequadamente com essa questão confusa e extremamente delicada. Enquanto isso, para evitar maiores problemas em seus negócios pessoais com os chineses, você deve entender ao menos o básico.

Muito já foi escrito sobre a longa disputa por Taiwan. Alguns acadêmicos fizeram suas carreiras e seus trabalhos estudando a história, as intrigas durante a Guerra Fria, o jogo de guerra moderno e a dolorosa diplomacia cheia de sutilezas, compõem material de leitura muito interessante.

Em termos de compreensão das coisas básicas que precisam ser conhecidas, a história é a seguinte: o problema de Taiwan teve início em 1949, quando o Partido Nacionalista (Kuomintang, em chinês, ou KMT) – que governava a China antes e durante a Segunda Guerra Mundial – finalmente foi derrubado pelas forças comunistas de Mao Tsetung.

Com as riquezas nacionais que conseguiu reunir, Chiang Kaishek, o líder do KMT, fugiu do continente para a ilha de Taiwan, alegando ainda ser o chefe do governo chinês por direito e planejando eventualmente reorganizar e retomar o controle de todo o país. Mas isso não iria acontecer, e o que resultou foi um impasse.

Mao e os comunistas, com considerável apoio soviético, fundaram a República Popular da China (RPC) e logo se tornaram fortes o suficiente para impedir que os nacionalistas cultivassem qualquer esperança de deposição. Em Taiwan, enquanto isso, o governo nacionalista manteve o nome de República da China, sob o qual anteriormente governavam todo o país. Também manteve o reconhecimento de quase todo o mundo como governo oficial e legal da China, e, portanto, manteve seu assento como um dos cinco membros permanentes do Conselho de Segurança da ONU.

Talvez o mais importante de tudo tenha sido o fato de Taiwan conservar o apoio e a proteção dos Estados Unidos, que eram suficientes para impedir que a República Popular da China tentasse se apoderar da ilha. Apesar de não se mobilizar militarmente, a RPC insistiu o tempo todo que Taiwan era uma parte "inalienável" de seu território que temporariamente não controlava. E Pequim se recusava terminantemente a fazer qualquer acordo formal com qualquer nação que não reconhecesse esse ponto.

Até o princípio da década de 1970, muitas nações ocidentais, os Estados Unidos inclusive, entenderam que precisavam desenvolver laços com a República Popular da China, ainda que isso significasse abandonar o reconhecimento formal de Taiwan. Até o fim da década, Taiwan já havia perdido seu assento na ONU e o reconhecimento diplomático da maioria dos grandes países mundiais.

Desde então, Taiwan desenvolveu uma forte economia de trocas e uma cultura política democrática muito vivaz, mas permanece excluída das instituições internacionais. A China faz muitos negócios com a ilha, e centenas de milhares de nativos de lá trabalham e moram na China. Mas o continente ainda insiste que a ilha é parte integrante de seu território e promete utilizar-se de força se necessário for para impedi-los de declarar independência. O fator determinante nesse caso seria a resposta dos Estados Unidos, que poderiam escolher intervir para proteger a ilha de um ataque do continente, ou não se manifestar e deixar os acontecimentos sucederem. Num esforço para evitar qualquer ação de um lado ou de outro, o governo norte-americano mantém uma política de "ambigüidade estratégica" sobre como responderia nessa situação.

Uma minoria ativa, mas pequena, de taiwaneses defende a independência, e outra minoria gostaria de ver os dois lados se reunirem nos termos chineses. A maioria, no entanto, é a favor da manutenção do *status quo*, em que Taiwan cuida de seus negócios e continua prosperando como se fosse um país independente – mas evita provocar a China através de qualquer afirmação formal de ser um país.

A opinião no continente é menos dividida. Com pouquíssimas exceções, as pessoas em geral apóiam a postura oficial – segundo a qual a soberania chinesa sobre Taiwan é uma questão de honra nacional, qualquer coisa que diga respeito à ilha de Taiwan é assunto estritamente referente aos "negócios internos" da China e que os Estados Unidos cometem uma grave ofensa quando apóiam a ilha ou sugerem defendê-la de um possível ataque do continente.

O que é fundamental que você entenda é que, sob a óptica do continente, é heresia referir-se a Taiwan como "independente" ou como um "país". Em uma situação adequada, você pode querer discutir abertamente as suas opiniões acerca do assunto, mas deve estar preparado para a resposta passional que provavelmente provocará.

Tibete

Outro tópico extremamente delicado é a relação da China com o Tibete. A posição do governo em relação ao caso é que a vasta e montanhosa região budista faz parte da China há séculos e, desde 1959, quando o exército chinês invadiu a região e o Dalai Lama fugiu para a Índia, a China governou de forma benevolente, generosamente investindo na construção da infra-estrutura da região e elevando o padrão de vida dos tibetanos.

A alegação chinesa de sua antiga soberania é amplamente contestada por acadêmicos ocidentais, e não há dúvida de que o atual regime chinês tem sido opressor, principalmente no que se refere à prática religiosa na região. Apesar de o Dalai Lama insistir em dizer que procura autonomia genuína para os tibetanos, e não independência, a China o considera um "separatista" disfarçado de líder religioso que quer fragmentar a pátria-mãe. Mais uma vez, a opinião na China é de apoio virtualmente unânime à postura oficial, e muitos chineses sentem-se intrigados pelo *status* de astro de Dalai Lama e pelo culto prestado a ele no Ocidente.

Japão, direitos humanos, o presidente Mao e a praça da Paz Celestial

Existem muitos outros assuntos políticos delicados que devem ser tratados cuidadosamente. Um deles é a conturbada relação entre China e Japão. A maioria dos chineses conserva grande ressentimento pela brutal ocupação japonesa da China antes e durante a Segunda Guerra Mundial e pelo fracasso, desde então, em lidar com o passado. A exemplo do que ocorre com Taiwan, a relação econômica entre a China e o Japão é vasta, vibrante e vital. Mas, no fundo, muitos dos chineses – se não a maioria – se ressentem e não gostam do Japão. Em diversas ocasiões nos últimos anos, esses sentimentos foram expressos através de demonstrações violentas contra os japoneses e contra negócios e interesses do Japão na China. Apesar de a China se manter como um importante mercado e com uma base de fábricas de empresas japonesas, muitos executivos japoneses sentem-se cada vez menos à vontade morando na China.

As demonstrações de 1989 na praça da Paz Celestial (ou praça Tiananmen) e a violenta repressão exercida pelo exército chinês também representam um assunto delicado. Centenas de pessoas foram mortas nas ruas de Pequim e uma repressão brutal se prolongou por meses. Na China, o incidente é referido como 4 de junho (*liu si*, que significa "4 do 6" em chinês), data em que o ataque ocorreu. Em âmbito privado, muitos chineses – principalmente moradores de Pequim com idade suficiente para se lembrar do ocorrido – demonstram repulsa pelo que o governo fez, mas você deve se lembrar de que, em situações públicas ou formais, não se sentem à vontade para discutir o assunto.

Quando se trata de direitos humanos em termos mais gerais, muitos chineses têm um entendimento claro sobre as falhas do sistema. Mas são sensíveis quanto à tendência de pessoas de fora em comentar ou criticar esse assunto. E ficam completamente confusos quando o governo americano e outros governos ocidentais se metem em mais uma "questão interna" da China. Essa é outra área sobre a qual você deve ter cuidado.

Finalmente, existe a questão referente ao presidente Mao. Já se foram os dias em que era idolatrado como um Deus, mas continua sendo amplamente reverenciado – e teria ficado chocado de ver com quanto entusiasmo a China incorporou o capitalismo.

Para lidar com os claros excessos de seu regime após a morte dele, em 1976, a China adotou uma postura oficial declarando que suas ações foram 70% corretas e 30% erradas. Mesmo assim, poucos chineses prestam atenção ao lado negativo. Piadas a seu respeito não são bem recebidas e não se deve fazer comentários negativos sobre ele em público. Em ambientes privados, tais comentários levarão a uma discussão mais interessante. Faça-os se quiser, mas, assim todos esses tópicos, saiba que estará entrando em território delicado.

AS COISAS MENORES

Agora que você tem uma compreensão geral das coisas grandes – incluindo aspecto (reputação), *guanxi* e política – e das coisas pequenas – como a etiqueta a ser empregada em jantares, a maneira correta para presentear alguém etc. –, é hora de considerar uma outra categoria, que chamo de coisas menores.

Há inúmeras coisas que um empresário estrangeiro pode fazer sem sequer refletir, mas que podem provocar grande irritação nos chineses. Um simples exemplo: pular refeições é algo impraticável na China; então, pedir que alguém – seja um assistente de escritório, um funcionário oficial ou um seminário cheio de dignatários – "trabalhe durante o almoço" não lhe trará nada além de desprezo.

A pontualidade tem para eles a mesma importância. O trânsito em Pequim, Xangai e muitas outras cidades é absolutamente atroz, portanto é fácil se atrasar consideravelmente para reuniões ou compromissos. Mas atrasar-se, principalmente para alguma reunião formal, é visto como má conduta, e, apesar do trânsito, você verá que a maioria dos chineses é pontual. Assim, você também deve ser. Muitos chineses, principalmente pessoas mais velhas ou autoridades importantes, irão sentir-se bastante ofendidos se tiverem de esperar por você para algum compromisso.

Você também deve acompanhar o calendário lunar chinês e seus muitos feriados. A China tira uma semana inteira de folga em função de três grandes feriados: o 1º de maio, Dia do Trabalho, o 1º de outubro, Dia Nacional, e o Ano-Novo Lunar, também chamado de Festival da Primavera, que pode cair em qualquer dia de janeiro a fevereiro. Além desses, existem outros feriados importantes, como o Festival do Meio do Outuno, durante o qual as famílias tradicionalmente ceiam sob a lua cheia, e o 5 de abril, o feriado de Qing Ming, durante o qual as pessoas devem visitar os cemitérios e limpar os túmulos de seus ancestrais.

É claramente impossível para uma empresa ocidental conceder folgas em todos esses e outros feriados chineses, mas você deve ter ciência de que passar tempo com os familiares nessas ocasiões é importante para os chineses. O que você pode fazer é prestar atenção ao calendário lunar, saber quando caem os feriados e, quando possível, evitar marcar grandes eventos ou pedir para que os funcionários viajem ou trabalhem até mais tarde nessas datas. Se os conflitos forem inevitáveis, você deve ao menos certificar-se de que os funcionários sabem que você tem consciência do sacrifício que está pedindo para fazerem, e que o reconhece e aprecia. Algumas imposições às vezes são inevitáveis. Mas fazê-las sem reconhecer o sacrifício que implicam deixará muitas pessoas chateadas – e com a impressão de que você não entende ou não respeita a cultura na qual escolheu trabalhar.

MEU AMIGO MICHAEL

A essa altura, você já tem alguma compreensão sobre o comportamento e etiqueta da China em situações maiores e menores. Mas é importante manter a perspectiva.

É claro que o profundo conhecimento das complexas particularidades da cultura e do comportamento chineses é extremamente valioso. Na comunidade de executivos ocidentais que vivem na China, há uma série de pessoas muito qualificadas em termos de cultura chinesa – que falam o idioma com perfeição, conhecem cada aspecto da etiqueta e conseguem, com a mesma facilidade, cantar músicas pop chinesas atuais, citar antigos provérbios e declamar poesia da dinastia Tang, ao mesmo tempo em que impressionam com sua perfeita caligrafia. Sem dúvida, as habilidades nessas áreas impressionam e aumentam suas chances de fazer amigos e influenciar pessoas na China.

Mas, no final das contas, o sucesso ou o fracasso na China dependerá muito mais dos fundamentos básicos do seu negócio. Dependerá das escolhas vitais que você fará ao estruturar seu empreendimento e da sua habilidade de escolher corretamente seus sócios. E, acima de tudo – assim como em qualquer outro lugar do mundo – dependerá dos méritos de seu produto, de sua eficiência em gerenciar os custos e de sua capacidade de oferecer algo que valha a pena.

Para ilustrar esse aspecto, gostaria de apresentar meu grande amigo Michael Komesaroff. Ele contrasta bastante com o clássico especialista ocidental em questões chinesas. Michael é um consultor australiano especializado em indústrias de capital intensivo. Você dificilmente encontrará alguém que conheça melhor as indústrias de mineração, energia, transporte ou metalurgia da China. Ele morou no país por alguns anos durante a década de 1990 e continua a visitá-lo freqüentemente, a trabalho. Mas quando se trata dos tradicionais "faça" e "não-faça" da etiqueta empresarial chinesa, ele não é exatamente uma autoridade no assunto. Ele não se preocupa com formalidades. Veste-se confortavelmente. É ambicioso, direto e às vezes muito áspero, especialmente com seu bom humor. É mais provável vê-lo contar uma piada escandalosa do que citando um antigo provérbio. Apesar dos anos que passou trabalhando e morando na China, não sabe uma única palavra da língua local. Aliás, mal consegue pronunciar os nomes das pessoas que encontra ou dos lugares que visita. Além de tudo, não gosta muito de comida chinesa. Come-a se for absolutamente necessário, e sem reclamar, mas, se puder escolher, prefere outra coisa.

E, mesmo assim, é muito bem-sucedido. Como ele consegue? As respostas são simples. Ele é sincero, honesto e trata bem as pessoas, conquistando sua confiança para acessar as informações das quais depende para executar o seu trabalho. Apesar de seu jeito direto, o respeito pelas pessoas transparece. E o que lhe falta em compreensão da cutura chinesa é compensado por seu básico bom senso. E, não menos importante, ele conhece seu trabalho e cumpre o que promete.

É uma fórmula simples, que pode ser tão eficiente na China quanto em qualquer outro lugar do mundo.

PONTOS IMPORTANTES DO CAPÍTULO 3

1. Para as mulheres de negócios estrangeiras, ser mulher é menos problemático na China do que em seu país de origem. O fato de serem estrangeiras se destaca mais do que qualquer outro aos olhos dos muitos chineses com os quais lidam.

2. A etiqueta chinesa se divide em duas categorias: as coisas grandes, que não podem ser ignoradas, e as coisas pequenas, que vale a pena conhecer, mas que não são cruciais. Como estrangeiro, não se espera que você compreenda as coisas pequenas e você é perdoado por alguns lapsos. Aliás, considerando as baixas expectativas, você pode facilmente ganhar pontos quando acerta. Mas falhar quando estão em jogo as coisas grandes pode causar enormes problemas.

3. Entenda os conceitos de "aspecto" e de *guanxi*. São sutis e difíceis de perceber, mas desempenham um papel central no pensamento dos chineses com os quais você vai lidar.

4. Normas de comunicação são diferentes na China. As pessoas relutam em dizer não, mesmo quando desejam. Os chineses não incluem nas respostas informações que não tenham sido especificamente solicitadas, e se você alguma vez pensar: "Eles me diriam se fosse o caso!", certamente estará enganado.

5. Ao lidar com os funcionários, as críticas expostas na frente de outros vão gerar intenso ressentimento. Qualquer tipo de crítica deve ser feita em particular.

6. Para fazer seus funcionários chineses pensarem de forma alternativa exercitando a iniciativa, você freqüentemente terá de encorajá-los de modo explícito e guiá-los de forma direta. Para muitos deles, a expectativa-padrão é a de que trabalharão de acordo com padrões definidos.

7. Não se esqueça de estreitar relações com autoridades e funcionários oficiais, mesmo quando não tiver negócios pendentes. Pode ser constrangedor aproximar-se quando precisar de alguma coisa, portanto, mantenha a receptividade durante os tempos de calmaria. E certifique-se de que os principais nomes de sua organização invistam parte do tempo nessas relações.

8. Mantenha a compostura durante as negociações. Muitas táticas de negociação chinesas visam especificamente provocá-lo para que você perca a calma, e você prejudicará sua posição ao descontrolar-se. A paciência é a chave. A irritação e a firmeza também têm vez, mas somente se forem utilizadas de forma controlada.

9. Política é um assunto delicado na China. Em assuntos como Taiwan, Tibete e direitos humanos, o governo – e a maioria das pessoas – tem opiniões muito radicais. Conheça as questões antes de se arriscar a falar sobre elas. Você pode constranger as pessoas e até mesmo causar-lhes problemas sérios se resolver discutir política no lugar e hora inapropriados.

10. Além das coisas grandes e das coisas pequenas, existem as coisas menores: ações que você pode executar sem sequer pensar a respeito, mas que podem irritar os chineses. Aprenda quais são e mantenha-as em mente.

11. Mantenha a perspectiva! A etiqueta é importante, às vezes de maneira vital. Mas você não vai ter sucesso somente por conhecer bem a etiqueta. No fim das contas, seu sucesso dependerá das bases de seus negócios e da capacidade da empresa em produzir resultados.

Capítulo 4

Vendas e marketing

Até aqui, você já conhece um pouco a respeito do cenário empresarial da China – seus setores mais promissores, seu complexo ambiente legal e sua cultura social e comercial extremamente peculiar. Então não deve surpreender o fato de que ao tratar dos aspectos práticos envolvendo vendas e marketing na China, algumas das máximas mais básicas do mundo dos negócios simplesmente não se aplicam.

Sejam as teorias que você tenha aprendido na faculdade de administração ou as táticas e estratégias que produziram bons efeitos para os seus negócios em outros mercados, precisará adaptar – e às vezes até descartar – muito do que sabe ao chegar à China.

Para citar apenas alguns exemplos: o valor da marca, o papel da propaganda e a importância da qualidade no mercado operam de maneira distinta na China (prova disso é a prontidão de muitos consumidores chineses em comprar conscientemente produtos falsificados e bens de qualidade abaixo do padrão). Para empreender um esforço de marketing bem-sucedido, você precisará considerar essas diferenças ao elaborar sua estratégia.

Enquanto isso, para executar sua estratégia – independentemente de seu objetivo ser vender bens de consumo a milhões de chineses comuns ou ganhar grandes contratos de aquisição de itens de equipamento capitais de entidades adjudicantes –, você terá de operar de acordo com desafios logísticos extremamente peculiares da China. Tanto no setor de utensílios quanto no de softwares, a infra-estrutura de apoio empresarial da nação é deficiente. Desde o sistema bancário à logística de distribuição, muitas das instalações e serviços básicos aos quais você pode não dar o devido valor em mercados mais desenvolvidos não podem ser tomados como adequados na China.

Como simples exemplo, imagine que seu negócio envolva produtos perecíveis – digamos, comida congelada. Você terá de planejar, dedicar tempo, esforço e dinheiro para garantir uma maneira segura de transportar esses produtos. Na melhor das hipóteses, você precisará constantemente comprometer membros da equipe e recursos para executar as funções de supervisão e gerenciamento de cada passo do processo de envio e garantir que seus produtos não estejam sendo descongelados e recongelados repetidamente durante o caminho.

Na pior das hipóteses, você pode ter de gastar ainda mais tempo e dinheiro desenvolvendo um processo de transporte a começar da estaca zero.

Mas, em nenhuma das hipóteses, você poderá contar com a possibilidade de encontrar uma solução adequada já pronta, e que funcione perfeitamente bem, automaticamente, durante um longo período. Apesar do brilho e do *glamour* das cidades modernas em que suas operações provavelmente serão sediadas, a China permanece um país em desenvolvimento em que nada funciona automaticamente por muito tempo. Qualquer plano que não considere essa possibilidade trará decepções.

Ao mesmo tempo, no entanto, seria um erro presumir que tudo na China é incompreensivelmente diferente ou peculiar. Isso ficará claro para qualquer um que tenha experiência prévia em outros mercados em desenvolvimento. Essas pessoas perceberão que muitos dos desafios que a China apresenta são bas-

§ 134 §

tante familiares. A maioria dos estrangeiros recém-chegados à China logo entendem que não estão mais no Kansas. Mas isso não significa que chegaram a uma espécie de Oz, onde as leis da física de Newton, de algum jeito, não se aplicam.

Por maiores que sejam as diferenças culturais, políticas e de desenvolvimento da China, alguns princípios empresariais básicos permanecem iguais. Se, por exemplo, você achar que basta possuir *guanxi* na China para ter sucesso, terá de se lembrar de que aqui, como em todos os lugares, o desempenho e o valor também importam. Em uma veia semelhante, as leis de oferta e procura ainda se aplicam na China – mesmo que as distorções de informações e do mercado às vezes ajudem a camuflar esse fato.

Portanto, você não estará se ajudando se abandonar completamente suas ferramentas-padrão de marketing ao chegar à China. O verdadeiro truque é saber quais dessas ferramentas podem funcionar, quais não devem funcionar e quais precisam ser modificadas. A tarefa é dificultada pelo fato de a China, além de ser muito diferente em tantos aspectos, estar em constante modificação.

CONSERVANDO A LEGALIDADE

Enquanto projeta uma abordagem mais ampla como meio de se aproximar, recrutar e conservar seus potenciais clientes chineses, você precisará se organizar estrategicamente. Assim como para quase todas as outras coisas, as leis que governam a ação das empresas estrangeiras na China variam muito, de acordo com o local e com o produto em questão. Essas leis também sofrem freqüentes alterações; felizmente, a maioria dessas mudanças leva a mais flexibilidade e liberdade. Este capítulo pode abordar a questão em linhas gerais, mas para ter a certeza de que está estruturando adequadamente uma operação, você precisará de profissionais jurídicos especializados para auxiliá-lo com as especificidades.

Na maioria das jurisdições da China, as permissões de compra e venda são concedidas separadamente. Então, após lidar com os funcionários da alfândega, da segurança de produto, e das burocracias que envolvem as trocas internacionais a fim de obter permissão para importar, uma empresa estrangeira que quer cuidar de suas próprias vendas e distribuição teria, então, de se aproximar de outro grupo de agentes de comércio, tributos e outros reguladores para obter mais permissões.

Os direitos de venda e distribuição geralmente são concedidos separadamente para operações de varejo e atacado. No fim de 2004, na medida em que mais obrigações da Organização Mundial de Comércio se apresentaram, a China começou a permitir que os investidores estrangeiros assumissem posições de 100% de eqüidade em diversos empreendimentos de varejo e atacado. Mas certos limites de eqüidade ainda são aplicáveis, de acordo com categorias de produtos ou com o porte de uma operação. Comerciantes de varejo com 30 ou mais lojas, por exemplo, são limitados à minoria das ações.

Tais restrições continuam caindo o tempo todo. Em dezembro de 2006, cinco anos após a adesão da China, outra série de liberalizações impostas pela Organização Mundial de Comércio foi efetivada, e restrições de produtos, que variavam desde carros até fertilizantes químicos, foram retiradas.

Apesar dessas e de outras mobilizações importantes do governo, existem autoridades em muitas províncias que ainda conseguem impor suas próprias restrições geográficas em operações de venda

– requisitando, por exemplo, que as empresas estrangeiras limitem suas operações a cidades provinciais importantes, oficialmente designadas "zonas econômicas especiais". Dependendo do que você estiver tentando vender, essas restrições podem não ser tão onerosas no final, pois o poder de compra e o potencial de mercado fora dessas cidades podem não apresentar tantos atrativos. E parece ser seguro apostar que, quando esses lugares se tornarem atraentes, as regras e regulamentos estarão ainda mais flexíveis.

BARREIRAS PARA O SUCESSO?

Além dessas controvérsias legais e regulamentares – que tomam tempo e são freqüentemente frustrantes, mas geralmente superáveis –, quais são os outros obstáculos à venda de produtos na China?

A julgar por algumas arengas que constantemente emanam do Congresso norte-americano, você poderia concluir que o mercado chinês é uma impenetrável fortaleza de protecionismo. O discurso – reminiscência de acusações feitas contra o Japão nos anos 1980 – tende a se destacar e a se intensificar em períodos eleitorais, e geralmente inclui reivindicações a "mercados abertos" e a um "cenário mais igualitário". Infelizmente, também com freqüência é acompanhado de ameaças de promulgação de sanções comerciais ou outras medidas de retaliação contra a China.

A motivação do alvoroço está no enorme e constante superávit comercial da China com os Estados Unidos, que, de acordo com as estatísticas alfandegárias norte-americanas, totalizaram a impressionante marca de 202 bilhões de dólares em 2005.

Uma das principais acusações feitas pelos críticos é a de que a China manipula seu câmbio, mantendo o iuane artificialmente baixo para baratear as exportações chinesas e encarecer os bens importados.

Não há dúvida de que a China de fato gerencia seu câmbio. Preocupado com qualquer instabilidade potencial em seu sistema financeiro, e particularmente incomodado com uma potencial exposição ao tipo de especulação financeira galopante que ajudou a engatilhar a crise financeira asiática de 1997, o governo chinês mantém rígidos controles de capital e continua resistindo a convocações para tornar o iuane inteiramente conversível. Para transações atuais, permite que a taxa de troca do iuane flutue limitadamente.

Poucos economistas negariam que o iuane de fato esteja desvalorizado. As opiniões divergem acerca do montante da desvalorização, e os analistas confiáveis estimam que essa desvalorização seja, em média, de 15% a 25%. Mas, por outro lado, muitos economistas concordam que, apesar do discurso feito em períodos eleitorais, as taxas de câmbio pouco influenciam no déficit comercial entre Estados Unidos e China.

A verdadeira causa do déficit é uma série de fatores estruturais complexos em ambos os lados. O mais óbvio é o fenômeno do reflexo da imagem que vê os Estados Unidos consistentemente gastando mais do que ganham, comprando a crediário e não economizando quase nada, enquanto a China faz o oposto: economiza vorazmente e resiste aos esforços do governo de encorajar os cidadãos a gastar mais para gerar estímulo econômico.

Outro fator é a emergência da China como um centro de processamento na Ásia. Desde a década de 1990, fabricantes de todas as espécies – de Taiwan, da Coréia do Sul, do Japão e de vários outros lugares – transferiram boa parte de seus grupos e operações de produção para a China. Designs, nomes de marcas e outros componentes ainda vêm desses países, mas quando os bens são concluídos e enviados aos Estados Unidos, eles são contabilizados como importações chinesas. A ilustração mais clara dessa dinâmica é o fato de que o crescente superávit chinês com os Estados Unidos recentemente foi igualado pelo declínio da balança comercial americana em relação ao resto da Ásia.

Se a manipulação chinesa do câmbio não for a responsável pelo desequilíbrio comercial, o que pode ser? Afinal, o déficit bilateral de troca de 202 bilhões de dólares não é prova suficiente de que a China está protegendo seus mercados injustamente de alguma forma? A surpreendente resposta é: "Na verdade, não".

De acordo com o economista Nicholas Lardy, membro sênior do Instituto de Economia Internacional de Washington e um dos maiores especialistas em China no mundo, a China é sem dúvida culpada por tentar proteger certas indústrias e certos grupos, às vezes até violando seus compromissos com a Organização Mundial de Comércio. "Mas", testemunhou Lardy perante o Congresso, "a China certamente é uma das mais abertas – talvez a mais aberta – de todas as economias de mercado emergentes."

Ele citou os volumes de importação da China, que registraram aumentos impressionantes desde o início dos anos 1990, apresentando um crescimento mais rápido do que o tão clamoroso índice de aumento do PIB chinês. A fração de importação da China (proporção de bens importados comparada ao PIB total) cresceu de modo intenso, geralmente indicando uma média quatro vezes maior que a do Japão e duas vezes maior que a dos Estados Unidos.

No que se refere às tarifas de importações, a China também prima pela abertura. De acordo com Lardy, a média das tarifas de importação da China atingiu o ápice de 55% em 1982. Já havia sido reduzida a 15% até 2001, quando a China se uniu à Organização Mundial de Comércio e caiu para menos de 10% desde então. Enquanto isso, a média das tarifas de importação em lugares como Brasil, Argentina, Índia e Indonésia é três ou quatro vezes maior.

Talvez o indicador mais convincente da relativa abertura da China seja o fato de que ela tem grandes déficits com o resto do mundo. Em geral, a China tem um comércio equilibrado ou se aproveita de modesto superávit em relação à maioria dos países da União Européia, e tende a ter um grande déficit com as outras nações asiáticas.

Em 2005, a China registrou um superávit comercial de 101 bilhões de dólares. Isso parece bom, mas lembre-se de que seu superávit com os Estados Unidos foi de 202 bilhões de dólares. Excluindo essa relação comercial atípica, a China trouxe, em 2005, 101 bilhões de dólares a mais em importações do que vendeu em exportações. Portanto, é evidente que as empresas estão encontrando maneiras de vender na China.

OS CONSUMIDORES CHINESES

Se tudo isso comprova que vender no mercado chinês é possível, não significa que seja tarefa simples. Um primeiro passo importante é entender quem são os consumidores chineses e o que eles querem. O que também não é fácil, pois quando você embarca nesse desafio, está mirando um alvo que nunca fica parado.

Em nenhum aspecto a natureza das rápidas mudanças da China é mais aparente do que em sua cultura de consumo. Aliás, o próprio conceito de uma cultura de consumo é uma relativa novidade na China moderna. Durante as três primeiras décadas que se seguiram à tomada do poder pelos comunistas, a China não apresentava características consumistas.

Durante anos, a sabedoria popular sustentou que a China simplesmente não abrigava uma sociedade materialista. Para muitos ocidentais era fácil acreditar nisso, pois estava de acordo com as noções (até romantizadas) que tinham a respeito desse país. Também beneficiava o lado chinês, pois virtudes como austeridade e altruísmo encaixavam-se muito bem com o discurso político do governo e com a identidade autoproclamada da China de país socialista em desenvolvimento.

Mas adivinhe só: não era verdade. O que eu comecei a suspeitar há anos, durante meus primeiros dias na China, foi confirmado diversas vezes: à sociedade chinesa, não faltava a natural tendência humana ao materialismo. O que faltava era a busca "material".

Poucos consumidores tinham poder sobre seus gastos e, sob o severo regime nacional, poucos produtores precisavam se preocupar em satisfazer os clientes. Os produtos eram fabricados com baixos padrões de qualidade, as embalagens não eram atraentes e quase não havia propaganda. Havia uma série de marcas conhecidas, mas elas certamente não eram cultivadas e nem financiadas de maneiras reconhecidas por empresários ocidentais.

Se você vivesse na China nessa época e quisesse comprar alguma coisa – sapatos, xampu ou shoyu –, iria a alguma loja monótona controlada pelo estado. Lidaria com atendentes mau-humoradas e compraria o que tivessem. Ou não. Nem a loja nem o fabricante teriam muito a ganhar ou a perder com sua decisão.

As fábricas recebiam ordens de funcionários de planejamento do governo a respeito do que e de quanto produzir, e as lojas recebiam ordens sobre o que vender e a que preço. Se ao final do período de planejamento os números não fossem suficientes, eles seriam subsidiados pelos chamados empréstimos de bancos estatais.

Os gerentes não sofriam qualquer pressão para lucrar ou para superar os concorrentes, e geralmente também não precisavam se preocupar em pagar esses empréstimos. Suas maiores dores de cabeça eram oriundas de suas obrigações de prover casa, educação, pensões e cuidados de saúde a seus empregados e aos familiares deles. Do ponto de vista do governo, era válido manter a política de empréstimos financeiros que jamais seriam pagos, desde que mantivessem as pessoas cumprindo essas e outras obrigações básicas.

Tudo isso começou a mudar quando, no final da década de 1970, foram lançadas reformas orientadas pelo mercado e as coisas começaram lentamente a mudar. Entre 1970 e 1989, ano em que eu cheguei à China, os empresários privados começavam a emergir, mas permaneciam como parte de uma classe minoritária que carregava a reputação de pessoas não-ortodoxas e não-confiáveis.

Enquanto isso, os comerciais televisivos ainda refletiam uma economia que precisava se distanciar do modelo de planejamento central do governo. Os anúncios de produtos de baixo valor, como sabão para lavar louça e macarrão instantâneo, já eram difundidos, mas eram intercalados com comerciais bizarros de coisas como equipamentos de construção e sistemas de tratamento de água.

Os anúncios televisivos também pareciam uma forma ineficiente e imprecisa de atingir um número relativamente pequeno de empresários ou funcionários de governo com poder para adquirir esses produtos, mas isso fazia sentido se considerarmos que esses eram os únicos telespectadores que tinham algum poder aquisitivo.

As coisas são significativamente diferentes hoje em dia. Ao conceder mais espaço para os empresários particulares, a China criou novos extratos sociais e fez com que emergisse uma classe média que rapidamente aderiu ao estilo de vida consumista. Outras reformas até transferiram modestas quantidades de poder de consumo para as mãos de pessoas que ainda não atingiram o *status* de classe média.

Sob o velho sistema de *danwei* ou "unidade de trabalho" da China, descrito no capítulo 3, a maioria das pessoas tinha suas necessidades básicas atendidas por seus empregadores. Moradia, educação, cuidados médicos e até cesta básica alimentar eram escolhidos e providenciados pela unidade de trabalho, e os salários eram baixos. Na medida em que as reformas começaram a desmontar esse sistema, os indivíduos passaram a receber uma parte maior de suas compensações em dinheiro, e passaram a decidir como gastá-lo. E, de repente, os produtores e comerciantes passaram a ter de chamar sua atenção. A reforma mais significativa envolvia moradia.

No lava-jato com Larry Summers e Zhu Rongji

Foi o antigo secretário do Tesouro americano, Lawrence Summers, que disse a famosa frase: "Ninguém na história do mundo jamais lavou um carro alugado". Sua visão da ligação natural entre a propriedade de um bem e o incentivo de investir nele era compartilhada por Zhu Rongji, o popular e prático ex-prefeito de Xangai que se tornou primeiro-ministro da China em 1998. Zhu e Summers passaram um bom tempo juntos e tinham uma relação muito boa, apesar de muitas de suas reuniões envolverem algumas disputas comerciais. Zhu, com algo em mente parecido com a lógica de Summers do carro alugado, acreditava que uma reforma no setor de moradia poderia, de uma única tacada, resolver uma série de problemas que afligiam a economia chinesa.

Um desses problemas era a mobilidade do trabalho. As casas dos trabalhadores eram diretamente relacionadas a seus empregos, e apartamentos maiores e melhores eram concedidos de acordo com o crescimento profissional. Então, mesmo depois de as reformas garantirem às pessoas uma liberdade sem precedentes de viver e trabalhar onde quisessem, elas relutavam em acatá-las se significassem que perderiam sua moradia. Quanto mais realizadas as pessoas fossem, mais tinham a perder. Aos olhos de Zhu, esse obstáculo à movimentação de pessoas talentosas prejudicava a eficiência do mercado de trabalho e provocava um atraso desnecessário na produtividade chinesa. Quebrar essa relação entre os empregos e as moradias era um dos objetivos-chave das reformas do setor.

E o mais importante: Zhu reconheceu o potencial estímulo que poderia ser liberado se um dos maiores bens chineses – todo o estoque imobiliário da nação – fosse subitamente privatizado. Como efeito imediato, as pessoas que possuíssem casa própria passariam a se interessar em investir nelas, gastando elevadas quantias em manutenção, decoração e melhorias que anteriormente não tinham qualquer incentivo para fazer. Finalmente, elas "lavariam seus carros".

Hoje, a maneira mais fácil de ver resultados é visitar a loja Ikea de Pequim ou qualquer outra das milhares de lojas de móveis e produtos domésticos do país. Nelas, você verá pessoas que há dez ou quinze anos jamais se incomodariam em trocar uma lâmpada ou varrer o chão da escadaria comum de suas moradias *danwei*, mas que agora gastam altas quantias, com o maior entusiasmo, para melhorar sua própria casa.

O governo chinês tem feito tudo o que pode para estimular o consumo em outras áreas. Sabe muito bem que o milagre do crescimento chinês se deu muito em função de exportações para mercados exteriores e investimentos fixos em bens próprios, e sabe também que a chave para sustentar o crescimento no futuro é a demanda doméstica. Isso significa convencer consumidores chineses a gastar mais e economizar menos, e milhões deles atendem essas expectativas.

Consumidores chineses – quem são?

Até o momento, é claro, a maioria dos empresários ocidentais já sabe que não deve considerar cada um dos 1,3 bilhão de cidadãos chineses um consumidor em potencial. Os sonhadores ocidentais de séculos atrás fantasiavam enriquecer através da venda de alguma coisa – qualquer coisa – para todos os chineses.

Os sonhadores de hoje tendem a trabalhar essa fantasia de forma diferente, imaginando que, se puderem se firmar agora nesse mercado emergente, o padrão crescente de vida irá gerar um constante fluxo de novos consumidores de classe média. E provavelmente têm razão. Aquele Santo Graal de 1,3 bilhão de consumidores continuará inatingível, mas diversas previsões confiáveis sugerem que dezenas e dezenas de milhões de consumidores em potencial surgirão num futuro próximo.

Mas e quanto à situação no momento? A Academia de Ciências Sociais da China define "pessoas de classe média" como aquelas que geralmente têm educação superior e empregos tradicionais. Elas têm ganhos individuais que variam entre 25.000 e 30.000 iuanes (3.125 e 3.750 dólares) por ano e um poder de compra anual, por residência, três vezes maior. Estima-se que cerca de 50 milhões de residências chinesas já se qualificam como classe média por esses termos, e outras se unem a esse grupo freqüentemente. Até 2010, a expectativa é de que esse número cresça e que a classe média conte com 100 a 120 milhões de residências.

Em avaliação mais detalhada, analistas da firma BNP Paribas Peregrine dividiram os consumidores chineses em seis categorias diferentes (ver tabela 4.1). Na base, há 60 milhões de residências com nível de subsistência que se mantêm a salários individuais de menos de 300 dólares ao ano e que mal se qualificam como consumidores viáveis.

No topo há cerca de 6 milhões de residências de consumidores de luxo, cujos moradores ganham 6 mil dólares por ano ou mais e já gastam dinheiro em itens como carros, outras casas, férias no exterior, grifes e golfe.

Entre essas, há outras categorias que incluem consumidores básicos, que provavelmente possuem uma televisão, mas não uma geladeira, e estão quase caindo para o nível de subsistência; e consumidores com dinheiro, que possuem uma geladeira e fazem compras para abastecê-la, mas que precisam gastar cautelosamente para que seu dinheiro dure.

Mais acima há consumidores com mais dinheiro, que ainda não ganham tanto assim, mas que conseguem guardar um pouco para gastar em viagens a passeio pela própria China, podem comprar aparelhos de ar condicionado e manter uma conta bancária ao mesmo tempo. Acima desses estão os consumidores de marcas, que compram produtos de grifes internacionais ou de grandes marcas chinesas, já possuem computador e, provavelmente, pensam em comprar um carro em breve.

TABELA 4.1
Análise da estrutura de consumo da China

Categoria dos consumidores	Número total (em milhões de residências)	Porcentagem do total populacional	Renda per capita anual	Critério geral de classificação	O que compram	Onde compram
Consumidores de luxo	6,0	1,6%	Acima de 6.000	Possuem automóveis	Grandes marcas globais	Grandes lojas de departamentos e em viagens ao exterior
Consumidores de marca	46,1	12,3%	3.000 a 6.000	Possuem computadores	Marcas nacionais e pequenas e médias marcas globais	Lojas de departamentos e lojas exclusivas
Consumidores de qualidade	70,2	18,7%	1.500 a 3.000	Possuem ar condicionado	Marcas intermediárias	Redes de supermercado
Consumidores de preço	73,8	19,7%	800 a 1.500	Possuem geladeira	Marcas locais	Mercados baratos
Consumidores básicos	118,4	31,6%	300 a 800	Possuem televisão	Produtos baratos sem marcas	Bazares e mercados abertos
Consumidores de subsistência	60,4	16,1%	Abaixo de 300	Não possuem televisão	Produtos piratas	Bazares abertos ou auto-suprimentos

Fonte: Cortesia de Erwin Sanft and Raymond Ma da BNP Paribas Peregrine. Uso permitido.

Além das distinções destacadas na tabela, existem duas importantes variáveis que determinam as atitudes e o comportamento dos consumidores. Uma delas é a divisão entre urbano e rural; a outra, o intervalo de gerações. Generalizações são sempre perigosas, mas é possível afirmar que os chineses mais velhos e os moradores de áreas rurais são muito mais conservadores em suas atitudes. Ambos os grupos relutam muito mais em pegar empréstimos para fins de consumo e são muito mais resistentes a novas idéias e a novas categorias de produtos, incluindo marcas estrangeiras.

No caso da divisão entre urbano e rural, há muitas intercessões com outras categorias. Quase todos os consumidores de nível de subsistência e cerca de cinco entre seis consumidores básicos moram em áreas rurais.

Acima desses níveis, as razões se alteram. Dois entre três consumidores com menos dinheiro moram em áreas urbanas. Para os consumidores com mais dinheiro, logo acima, a razão é de sete entre oito. Nos níveis mais altos, entre consumidores de marca e consumidores de luxo, a grande maioria é urbana.

O cenário é mais complexo quanto à divisão entre gerações. Independentemente de viverem em cidades ou em áreas rurais e do valor de seus salários, os jovens chineses formam uma identidade própria e tomam atitudes mais arriscadas.

Isso não deve causar nenhuma surpresa, considerando-se até que ponto suas experiências foram diferentes. Todos os nascidos em uma cidade grande após a implementação da política de planejamento familiar, em 1979, são filhos únicos. Mesmo em áreas campestres, onde as famílias geralmente conseguem ter dois filhos, o tamanho das famílias diminuiu muito com relação ao passado. Seja qual for o caso, essas crianças foram criadas com muito mais atenção às suas vontades, e no máximo com um irmão para competir. O resultado é uma geração que os chineses chamam de "pequenos imperadores".

Os sociólogos há tempos se preocupam com o que a emergência dessa geração causará à sociedade chinesa e a seus padrões de civilidade e ética. Mas, para os empresários, é um verdadeiro sonho que se torna realidade: uma geração inteira de pessoas que enriquecem cada vez mais e que estão acostumadas a ter o que desejam.

Consumidores chineses – o que querem?

Então, o que esses jovens consumidores desejam? A resposta geral é: "basicamente tudo". Mas, em termos mais específicos, as respostas podem ser surpreendentes.

Durante muito tempo, acreditou-se por exemplo que os consumidores chineses jamais consumiriam laticínios. O leite nunca foi parte expressiva da dieta, e queijo sempre foi um exótico alimento estrangeiro pouco conhecido. Aliás, muitos chineses são intolerantes à lactose e têm problemas para digerir qualquer tipo de produto derivado de leite. Sorvete, afirmava a sabedoria popular, era duplamente condenável por causa da aversão a alimentos gelados, baseada nos princípios da medicina chinesa.

Na verdade, as coisas tomaram um rumo diferente. Gigantes multinacionais como Nestlé, Danone e Unilever competem com centenas de empresas chinesas para atender à crescente demanda por leite, iogurte e – sim – sorvete. A Associação de Laticínios da China espera ver o consumo anual de leite crescer de 21,7 quilos por pessoa em 2005 para 40 quilos até 2020.

Pizza Hut, Papa John's e outras, enquanto isso, fazem grandes negócios vendendo suas ofertas que envolvem queijo derretido por toda a China. Quando a empresa-mãe Yum! Brands, Inc. abriu sua primeira filial da Pizza Hut em Pequim, em 1990, começou como um ponto para estrangeiros. Hoje a empresa possui 200 lojas espalhadas pelo país. Em seus primeiros 15 anos na China, a divisão da Pizza Hut vendeu 50 milhões de pizzas e faturou quase 700 milhões de dólares em vendas. Estabelecendo-se em todas as principais cidades chinesas, a Pizza Hut agora está chegando a locais secundários.

Imitadores locais também embarcaram nesse trem. Em lugares mais distantes como Kunming, no sudeste de Yunnan, e Baotou, na Mongólia Interior, já me surpreendi ao ver restaurantes locais servindo pizza. Suas variações particulares na arte de fazer pizzas podem assustar estrangeiros de Nova York ou Chicago, mas sua existência é um testemunho de que grande parte da sabedoria popular desta China em transformação merece uma reavaliação.

Mesmo assim, não se pode presumir que o gosto dos chineses sempre tenderá a convergir ao gosto dos ocidentais. Considere, por exemplo, os diferentes fatores que os chineses levam em conta durante o processo de decisão de compra de um automóvel. Além da qualidade e dos preços baixos, o que os consumidores de automóveis procuram, e como suas preferências diferem das dos consumidores de outros mercados?

Para começar, como eles não conviveram com os carros da mesma maneira que a maioria dos americanos, os compradores chineses tendem a não saber muito a respeito do que há além do capô. Eles estão menos interessados nos aspectos de desempenho, difundidos nas propagandas automobilísticas nos Estados

Unidos. O que querem diz respeito a segurança, confiabilidade e custo. Nesse sentido, os *air-bags* são mais importantes do que as cremalheiras, e é muito mais interessante destacar a economia de combustível do que a injeção eletrônica.

Afinal, ao contrário dos Estados Unidos, em que muitos proprietários de carros moram no subúrbio, os proprietários de carros chineses, em sua maioria, vivem nas cidades que sofrem com o tráfego. Que diferença faz para eles o tempo que o carro leva para ir de 0 a 60 quilômetros? E, para a maioria, isso não importa mesmo.

Os compradores chineses prestam atenção ao valor do status dos carros que adquirem. Mas, novamente, a maneira como prestam atenção é diferente. Os veículos pessoais são novos o suficiente na China para que a propriedade automobilística seja em si um indicador de status. Então, mesmo os compradores que estão esticando as finanças para comprar um carro mais simples esperam deixar alguma marca. É por isso que o interior e a buzina são atrações tão importantes, até nos modelos mais simples.

Em um livro como este, tais exemplos de atitudes de consumidores são úteis para que se possa compreender o que se passa no mercado chinês. É claro, as pessoas para as quais essas atitudes importam mais – os principais fabricantes de automóveis do mundo – estão investigando as tendências e preferências nos mínimos detalhes, buscando adaptar seus veículos como se seu futuro dependesse disso. O que de fato pode acontecer.

SERVINDO HÁBITOS E GOSTOS LOCAIS

Em toda a escala, desde os fabricantes de automóveis até os vendedores de *fast food*, as empresas estrangeiras se depararam com a necessidade de adaptar seus produtos às preferências locais. A KFC, outra corrente da Yum! Brands, é muito popular na China. Aliás, Harland Sanders, também conhecido como Coronel, foi nomeado pela People's Daily em 2006 como um dos 50 estrangeiros que mais influenciaram a China desde 1840! Mas, claramente, o fluxo da influência correu em ambas as direções. A KFC experimentou todos os tipos de itens de cardápio especialmente elaborados para agradar ao gosto chinês. Incluiu sopa de espinafre e ovo, mingau de arroz e o "old Beijing's twister", um item de frango com cebola e molho hoisin, servido no estilo de um tradicional wrap de pato à moda de Pequim.

Também é importante reconhecer as diferenças dos hábitos de compras dos chineses. Por exemplo, apesar dos crescentes padrões de vida dos últimos anos, muitos chineses continuam vivendo em habitações pequenas em comparação aos padrões americanos. Por mais novas e brilhantes que sejam suas cozinhas, poucas pessoas possuem geladeiras de portas duplas. E poucas pessoas possuem garagens, porões ou outras áreas que sirvam de estoque.

Além disso, a tradicional prática de comprar comida fresca todos os dias permanece intocável. Finalmente, os proprietários de automóveis na China continuam sendo uma minoria, então a maioria dos compradores utiliza transportes públicos ou caminha até sua casa com as compras de supermercado. Considere tudo isso, e a conclusão óbvia é que o padrão americano de compras em grande escala – de alimentos ou de materiais para a casa – não é uma boa escolha para o mercado chinês.

PONTOS IMPORTANTES DO CAPÍTULO 4

1. Quando chegar à China, você definitivamente não estará mais em casa – mas isso não significa que estará em Oz. Algumas das ferramentas de marketing que você trouxer como bagagem irão funcionar, mas também precisarão ser adaptadas.

2. Você precisará enfrentar alguns procedimentos burocráticos antes de começar a vender seus produtos na China. As permissões de importações e as permissões de venda são concedidas separadamente. As distribuições de varejo e de atacado também são regidas separadamente. Os governos locais podem complicar ainda mais a sua vida com regras específicas.

3. Existe uma série de obstáculos no percurso da preparação e da comercialização na China. Não é assunto para os mais fracos. Mas a China não é a fortaleza protecionista que o Congresso e a indústria americana dizem ser. Sua moeda é um pouco desvalorizada, mas esse fator desempenha apenas um pequeno papel no déficit americano com a China. Suas barreiras tarifárias são bem mais baixas que as de muitos outros países, e sua razão de importação é muito alta. Fora essa relação atípica com os Estados Unidos, a China compra muito mais de outros países do que vende.

4. A cultura de consumo é relativamente nova na China, mas certamente se firmou. As pessoas gostam de comprar coisas, e o governo – preocupado em reequilibrar a economia com

menos peso no crescimento promovido por exportações e investimentos fixos – faz de tudo para estimulá-las.

5. Os consumidores chineses só podem ser classificados de forma complexa, considerando as diferenças entre as gerações, a divisão entre moradores urbanos e rurais e seus diversos níveis de renda. Tudo deve ser classificado de forma adequada, e os alvos dificilmente se mantêm parados. Há uma constante movimentação entre as categorias na medida em que os habitantes rurais se mudam para as cidades e que os aumentos salariais elevam o poder aquisitivo das pessoas.

6. Desconfie dos estereótipos e clichês a respeito do que os consumidores chineses gostam ou não. A sabedoria popular sustentou durante muito tempo que derivados do leite, como sorvete e queijo, jamais teriam mercado na China, mas marcas como Pizza Hut discordaram – e as mais de 50 milhões de pizzas que já venderam comprovam que há mercado para eles na China.

7. Entenda os gostos e hábitos de compra da China e modele suas ofertas de acordo com eles. Tudo, desde a embalagem até a posição da marca, deve levar em conta as diferenças no país. Por exemplo, já que ter um carro é em si uma prova de status, até os compradores dos modelos mais modestos podem ser influenciados pelo prestígio trazido por seus automóveis.

Capítulo 5

Informações, por favor!

O cenário de informações na China representa uma daquelas áreas que você pode avaliar como quase boa ou quase ruim. Os anos recentes apresentaram inegavelmente um vasto progresso em termos de volume e de nível de atualidade das informações disponíveis, tanto de fontes oficiais da própria China quanto de analistas de fora. Apesar de todo esse progresso, ainda há falhas na qualidade, precisão e confiabilidade das informações disponíveis. E, acima de tudo, a tendência ao segredo permanece como uma burocracia enraizada.

Ao passo que essa tendência existe até certo ponto em todos os governos e todos os sistemas, ela é particularmente proeminente na China, onde é reforçada por normas culturais e milhares de anos de prática. As dificuldades são compostas pela falta de fontes de informações alternativas independentes. Nesse ambiente, encontrar a informação de que você precisa – e na qual possa confiar – será um de seus maiores desafios.

Apesar desses obstáculos substanciais, é possível que os empresários estrangeiros descubram o que precisam saber – ou quase tudo. Este capítulo não só dirá onde e como encontrar as informações vitais das quais você precisa para entender a China e operar seus negócios, mas também explicará como avaliar essas informações.

GRANDE INUNDAÇÃO, NENHUMA INFORMAÇÃO

Primeiramente, para ter noção de quanto as coisas já mudaram, considere o que aconteceu na província de Henan, no centro da China, nas horas que antecederam o amanhecer do dia 8 de agosto de 1975. Após muitos dias de chuvas anormalmente fortes, que inundaram o Reservatório Banqiao, os moradores locais trabalhavam freneticamente para reforçar uma barragem de 25 metros no rio Huair. Em um instante, no entanto, a barragem – construída na década de 1950 segundo antigos modelos soviéticos – cedeu completamente. Uma torrente de 600 milhões de toneladas de água avançou, varrendo imediatamente não apenas o assentamento próximo de Daowencheng, mas iniciando também uma reação em cadeia. Outras barragens foram derrubadas como dominós, enquanto uma parede de água avançava a quase 50 quilômetros, adquirindo volume à medida que se adiantava. A torrente eventualmente acumulou 6 bilhões de toneladas de água e destruiu 61 barragens. Poucas horas após a primeira barragem cair, 85 mil pessoas haviam sido mortas; outras 145 mil morreriam de fome ou por doenças provocadas pelo desastre.

Mas o aspecto mais impressionante que envolveu esse terrível episódio é o seguinte: a China conseguiu mantê-lo em segredo por duas décadas. Uma das províncias mais populosas do país fora completamente devastada, com um índice de morte que se aproximava de quase um quarto de milhão de pessoas. O simbolismo não podia ser mais completo. Dúzias de antigas barragens foram destruídas, permitindo que a água corresse desenfreadamente. Mas, ao mesmo tempo, as antigas barreiras chinesas que continham o fluxo livre de informações mantinham-se firmes, e as notícias da tragédia não vazaram.

Quando isso aconteceu, a mídia oficial transmitiu apenas algumas notas vagas sobre sérias inundações no centro da China.

Em retrospecto, o item mais relevante pode ter sido um pequeno artigo no jornal do Partido Comunista, o *Diário Popular*, que simplesmente reportou que unidades do exército chinês estavam executando trabalhos de controle não específicos em Henan.

Em 1987, doze anos depois desse episódio, um artigo de circulação limitada feito por especialistas chineses em hidrologia relatou a extensão do evento com mais detalhes. Mas somente em 1995, quando a ONG Human Rights Watch/Asia publicou uma reportagem detalhada, o resto do mundo soube do ocorrido. Eu jamais esquecerei a resposta que obtive quando liguei para o Ministério de Recursos Hídricos para confirmar as informações daquele artigo. Sim, respondeu o representante do ministério, tal incidente de fato ocorrera 20 anos antes, e enquanto não podia confirmar os números relativos ao acontecimento, ele também não os negou. Fora de fato, um evento grande e sério, disse ele, e os hidrólogos e engenheiros chineses tiraram valiosas lições da tragédia. Os projetos de barragens subseqüentes, garantiu o representante, eram mais seguros.

Tal cenário – da quase total omissão de um enorme desastre ocorrido a apenas 800 quilômetros de Pequim – é simplesmente inimaginável hoje em dia. Em parte pelas mudanças nas políticas oficiais – mas só em parte. Apesar de as autoridades chinesas falarem continuamente na necessidade de melhorar a abertura, os hábitos antigos têm se mostrado difíceis de romper. Por exemplo, em uma manobra que classificou como um importante passo em direção à transparência e a um governo mais honesto, a China anunciou, em setembro de 2005, que a Administração Nacional para a Proteção de Segredos de Estado liberaria seus arquivos sobre desastres e desclassificaria as vítimas de mortes relativas a desastres. O simples fato de que a China tem uma Administração Nacional para a Proteção de Segredos de Estado já diz alguma coisa, e ninguém se surpreendeu com o que aconteceu dois meses após o anúncio desse pequeno passo em direção à *Glasnost*[5] chinesa.

Quando uma explosão em uma instalação química na província Jilin, no Nordeste da China, liberou 100 toneladas de benzina e outros elementos químicos no rio Songhua, e todo aquele veneno mortal estava a caminho do suprimento de água potável de mais de 3 milhões de residentes da cidade de Harbin, ao sul da corrente (e mais além, em direção à Rússia), as autoridades do governo mentiram e dissimularam por mais de uma semana o que realmente estava acontecendo.

Mentiras e omissões como essas continuam rotineiras na China. Elas não só provocam revolta nas pessoas, como também lhes infundem dúvidas a respeito da precisão dos relatórios oficiais sobre outras ameaças à saúde pública, como a poluição do ar, a qualidade dos alimentos, o vírus HIV da Aids, a Síndrome Respiratória Aguda Grave (SARS) e a gripe aviária.

Mas as principais mudanças no setor de informações têm menor relação com as políticas de transparência do governo e com a extensão em que as autoridades a respeitam. Muito mais importante é a realidade de transformação, moldada por mais de duas décadas de desenvolvimento, liberalização e reforma econômica.

Pela China, até em áreas relativamente remotas, as pessoas agora têm acesso a celulares e à internet. Dedos ocupados po-

---

5 - O autor faz uma referência à medida política implantada pelo governo de Mikhail Gorbachev na então URSS, com o intuito de dar transparência e abertura aos assuntos tratados pelo governo soviético. A noção de Glasnost se associa à liberdade de expressão. (N. E.)

dem escrever mensagens e enviá-las até que cruzem o país – ou o mundo – em questão de segundos. E, na maioria dos lugares, as restrições onerosas a viagens também são parte do passado. Portanto, as pessoas e as informações podem ir e vir com mais liberdade do que nunca, apesar das tentativas, ainda comuns por parte de autoridades locais, de manter as más notícias em segredo.

Essa discussão sobre o modo como a China tenta limitar a liberdade da imprensa para difundir notícias ruins – e como fracassa cada vez mais – oferece uma comparação bastante útil para a compreensão das mudanças no setor de informações.

Obviamente, as informações que você desejará obter não serão as que tratam de desastres e problemas em cantos afastados do país. As informações que lhe serão úteis são as que envolvem as pessoas, os lugares e as empresas com as quais você estiver negociando. Quem está por cima e quem está por baixo em um escândalo de corrupção ou em uma disputa por poder político, quais empresas estão encarando turbulências de gerenciamento ou pressão de regulamentações, ou os dados relacionados ao mercado que afetam suas próprias operações – os padrões de consumo, a disponibilidade de recursos, as projeções de crescimento e os índices de vendas e valores de saída relativos ao seu setor. A lista segue, e essas informações estão se tornando cada vez mais acessíveis.

Mas, enquanto você executa a tarefa vital (e difícil) de reunir esses dados, vale a pena lembrar a maneira como as coisas ocorreram durante milhares de anos na China. Como algumas informações podem ser prejudiciais àqueles que as revelam ou valiosas para aqueles que as recebem, sua transmissão sempre foi feita com muito cuidado. De uma dinastia à outra, os governantes imperiais chineses nunca viram qualquer necessidade de compartilhar informações com o público, e as pessoas comuns havia muito se acostumaram a ser mantidas na ignorância. Em 1949, os comunistas que subiram ao poder trouxeram consigo não só a tradicional inclinação chinesa ao sigilo, mas também uma camada de intrigas e burocracias leninistas que só serviram para reforçar a tendência a selar e categorizar informações.

Eu lembro bem de um exemplo ilustrativo dessa tendência. Estávamos em meados da década de 1990, e minha família acabara de voltar a Pequim após algumas semanas de férias nos Estados Unidos, onde meus filhos descobriram as alegrias dos playgrounds encontrados em diversos McDonald's. Na época, as filiais do McDonald's estavam brotando por todos os cantos de Pequim, e quando meus filhos viam operários abrindo um grande espaço em frente a algum dos restaurantes, eles imediatamente se perguntavam se aqueles trabalhadores estavam preparando o terreno para a instalação de uma nova área para brincar.

Sociáveis e curiosos como sempre, meus filhos perguntaram aos operários o que estavam fazendo, mas estes só respondiam que estavam abrindo espaço e cavando um buraco. Era o que tinham sido instruídos a fazer, e certamente era o que estavam fazendo. Poderia ser para um playground, um estacionamento, um canteiro de flores ou novos canos de água, para eles tanto fazia. Não faziam idéia de qual era o propósito do buraco ou de como seu trabalho se encaixaria em qualquer outro aspecto do projeto.

Enquanto não parece possível que uma equipe de trabalhadores americanos execute alguma função sem saber por quê, aqueles chineses achavam perfeitamente normal trabalhar naquelas condições. Afinal de contas, eles não eram pagos para conceber ou desenvolver projetos, então por que precisariam saber? Muito pelo contrário: sob sua óptica, o estranho era alguém achar que eles tinham de saber algo além do que sabiam. E, mesmo que soubessem, achariam igualmente esquisito que estranhos – ainda mais estrangeiros – se dirigissem a eles calmamente e esperassem receber todas as respostas às suas questões. Para mim, esse era mais um lembrete de quão diferentes são os moldes – e as expectativas – americanos e chineses a respeito da circulação de informações.

Com isso em mente, torna-se mais fácil compreender de que modo algo como o desastre das barragens em Henan em 1975 pôde ser mantido em segredo por tanto tempo. Ou como e por que, mesmo nos dias de hoje, as autoridades chinesas e os parceiros de negócios podem parecer relutantes em oferecer as mais básicas informações. Também é válido lembrar que as mudanças na antiga maneira de fazer as coisas só teve início há poucas décadas, e ainda há muito a fazer nesse sentido.

GRANDE INUNDAÇÃO, MUITAS INFORMAÇÕES

Agora que as coisas estão mudando, quais são as mais importantes fontes de informação sobre o que realmente está acontecendo na China? Seu âmbito é muito vasto – todas trazem diferentes abordagens e têm diferentes ênfases. Incluem as mídias locais e internacionais, as agências internacionais, as associações de indústrias domésticas, grupos comerciais estrangeiros, câmaras de comércio e os relatórios financeiros individuais das empresas.

Mas, para as informações básicas – os elementares tijolos de construção de todos os dados chineses referentes a negócios e economia –, o relatório regular mais compreensível vem do Escritório Nacional de Estatísticas (NBS). Na condição de uma agência do Conselho de Estado da China, o NBS gerencia e coordena as redes de registro de estatísticas dos governos provinciais e municipais e das empresas particulares. Muitos dos dados que você encontrará em outras fontes – outras agências governamentais chinesas, analistas de fora ou relatórios domésticos ou estrangeiros – são oriundos do NBS.

A cada ano, o NBS publica o *China Statistical Yearbook* (Livro do Ano de Estatísticas da China) – um grande livro que tipicamente contém quase mil páginas e reporta dados detalhados a respeito de qualquer categoria econômica, social e geográfica imaginável. Todos esses dados demoram a ser reunidos, e a edição de cada ano só é publicada em setembro do ano seguinte. Inclui índices comerciais, índices de rentabilidade, saídas industriais e agrícolas, estatísticas de investimento, uso e disponibilidade de energia e recursos, dados demográficos e muito mais. Tabela após tabela, os dados são expostos em detalhes minuciosos – por província, por cidade e por setor. Em muitas categorias, as informações são transmitidas com grupamentos de dados históricos de vinte anos anteriores ou mais.

Além de ser perfeitamente compreensível, o livro anual de estatísticas é bem organizado e bem indexado. Também é inteiramente bilíngüe, em chinês e em inglês. As edições recentes até vêm com um CD-ROM cheio de arquivos de dados compatíveis com o Excel. A edição mais recente custa 298 RMB, cerca de 37 dólares. O NBS mantém um site em inglês no endereço www.stats.gov.cn/english, e o *China Statistical Yearbook* pode ser adquirido via e-mail através do endereço yearbook@stats.gov.cn. O livro também pode ser encontrado em livrarias chinesas.

UM DA COLUNA A, DOIS DA COLUNA B: CULINÁRIA CHINESA... (DOS LIVROS!)

Independentemente da natureza de seu negócio, o livro anual é um recurso valioso e indispensável. Se, por exemplo, você quiser saber detalhadamente o número de agências de viagens, província por província, da China e sua equipe relacionada, este é o lugar onde pode descobrir. E, se quiser descobrir a média de carregamento de veículos fretados desde 1952, essa informação está no livro. Ou talvez você esteja no ramo da construção ou do mercado imobiliário e queira ver alguns índices sobre a quantidade de prédios residenciais construídos em cada província chinesa nos últimos vinte anos: pode procurar no livro. Para dados mais atualizados de diversos tópicos básicos, também pode recorrer aos menos compreensíveis – mas ainda assim úteis – boletins estatísticos de economia e outros que o NBS publica mensalmente. Boa parte desse material também está disponível em inglês, no site do NBS na internet.

Além do livro anual do NBS, existem outros livros anuais especializados, publicados por ministérios e departamentos de governo sobre setores individuais, tais como agricultura, energia, portos, ferrovias, TI (tecnologia de informação) e mais. Esses costumam circular somente em chinês, e também costumam ser mais caros, com valores que chegam a até 100 dólares cada um.

Quando estiver navegando por essa torrente de dados estatísticos, a pergunta logo surge: qual o grau de confiabilidade disso tudo? Infelizmente, os dados estatísticos crus oferecidos por agências oficiais do governo podem ser equivocados, inconsistentes ou suspeitos. E às vezes são simplesmente falsos. Já que os economistas estrangeiros e os analistas confiam plenamente nesses dados oficiais, eles são inevitavelmente impostos. E, se você estiver fazendo negócios na China, você os utilizará também.

Como exemplo óbvio de dados inoperantes, considere os relatórios regulares do governo daquilo que talvez seja o principal indicador econômico: a taxa de crescimento do produto interno bruto. Nenhum outro indicador tem mais importância que esse na China. Para o bem ou para o mal, o PIB é amplamente visto pelos criadores da política chinesa e pelos empresários como o principal barômetro da saúde econômica da nação.

Qualquer pessoa que você encontre durante o processo de implementação de seus negócios na China lhe dirá a taxa de crescimento do PIB do ano anterior, e a projeção oficial mais recente para o ano em questão. Em 2005, Stephen Roach, da Morgan Stanley, um grande guru econômico de Wall Street, deu uma palestra na Universidade de Pequim para uma platéia cheia de entusiasmados alunos chineses do MBA, e as perguntas feitas depois da palestra se resumiram a um único ponto: sua projeção de crescimento de 6,7% para o ano seguinte, muito abaixo da estimativa oficial da época.

Roach mal mencionara aquela projeção como um adendo de seu curso e análise, caracteristicamente convincente, da situação macroeconômica da China. Ele falou de forma convincente a respeito da necessidade de a China cortar investimentos fixos em bens, reduzir a dependência das exportações, equipar o setor de serviços e estimular o consumo doméstico. Mas sua baixa projeção para o PIB foi de longe o tópico que mais recebeu atenção.

Apesar dessa preocupação obsessiva com as taxas de crescimento do PIB – que se reflete em cada nível do sistema –, os relatórios oficiais desse indicador simplesmente não correspondem. Na maioria dos períodos de comunicados nos últimos anos, cada província chinesa informou uma taxa de crescimento mais alta do que a média nacional. Essa ocorrência regular, uma impossibilidade matemática, foi intitulada por alguns como o "efeito Lake Wobegon" da China, referindo-se à cidade idílica mas fictícia de Minnesota onde "todas as crianças são acima da média", do locutor de rádio Garrison Keillor.

Avalie os números apresentados em outubro de 2005, por exemplo. Eles mostram uma taxa de crescimento anual de 9,5% em âmbito nacional (ver próxima tabela, 5.1). Agora avalie mais de perto as taxas de crescimento informadas pelas províncias individualmente. O índice de cada uma das províncias foi mais alto. A maioria das províncias apresentou crescimentos entre 12% e 14%, e muitas outras apresentavam índices ainda mais altos. Mesmo a província com menor índice apresentou 10,4%, bem mais do que a média nacional de 9,5%.

A anomalia é casualmente reconhecida em uma nota de rodapé, mas em nenhum lugar é adequadamente explicada. Aliás, como poderia ser? De alguma forma, alguma coisa nesses números não está batendo.

Imprecisões escandalosas desse tipo podem ser atribuídas, em parte, a algumas falhas técnicas dos estatísticos, principalmente nos níveis mais baixos dos governos de cidades pequenas e de empresas particulares. O NBS tem se empenhado bastante para melhorar os padrões técnicos de sua coleta de dados e de seus relatórios. Agora, verifica com mais profundidade os índices reportados e reúne mais de seus próprios dados, em vez de confiar nos dados oferecidos por terceiros. Também tem

TABELA 5.1
Principais indicadores econômicos por região – outubro, 2005

Região	Produto interno bruto (2004)		Valor acrescentado da indústria				Média de vendas de produtos industrializados (%)
			2005. 1–9		2005. 9		
	(100 milhões de iuanes)	Taxa de crescimento (%)	(100 milhões de iuanes)	Taxa de crescimento (%)	(100 milhões de iuanes)	Taxa de crescimento (%)	
Toda a nação	136.875,9	9,5	50.449,9	16,3	6.275,3	16,5	98,31
Pequim	4.283,3	13,2	1.273,4	13,2	161,6	14,6	97,75
Tianjin	2.931,9	15,7	1.298,7	21,2	165,8	25,0	100,40
Hebei	8.768,8	12,5	2.373,7	23,4	300,1	25,1	98,62
Shanxi	3.042,4	14,1	1.239	20,0	148,9	19,5	95,37
Mongólia Interior	2.712,1	19,4	759,4	30,9	108,8	31,0	95,48
Liaoning	6.872,7	12,8	2.126,5	20,5	262,8	19,2	96,23
Jilin	2.958,2	12,2	864,7	8,0	106,6	11,9	100,89
Heilongjiang	5.303	11,7	1.601,8	15,0	194	16,5	97,61
Xangai	7.450,3	13,6	2.959	12,4	355,1	15,5	99,46
Jiangsu	15.403,2	14,9	5.962,6	22,5	726,8	22,2	98,23
Zhejiang	11.243	14,3	3.826,3	18,1	481,9	17,6	98,22
Anhui	4.812,7	12,5	1.002,1	22,9	123,4	23,3	97,21
Fujian	6.053,1	12,1	1.664,4	18,2	199,1	19,6	99,60
Jiangxi	3.495,9	13,2	572,6	23,0	72,8	23,3	99,24
Shandong	15.490,7	15,3	6.509,8	28,4	818,5	28,7	98,47
Henan	8.815	13,7	2.349,8	23,4	308	23,6	98,69
Hubei	6.309,9	11,3	1.440,2	19,2	169	18,3	96,91
Hunan	5.612,3	12,0	1.106,3	21,0	138,5	20,4	100,32
Guangdong	16.039,5	14,2	6.235,1	16,8	766,2	17,7	98,60
Guangxi	3.320,1	11,8	521,1	21,0	60,8	20,0	102,10
Hainan	769,4	10,4	92,5	17,9	9,8	5,4	103,70
Chongqing	2.665,4	12,2	476,1	15,5	56,5	15,6	97,76
Sichuan	6.556	12,7	1.483,6	23,5	185,8	27,1	96,95
Guizhou	1.591,9	11,4	394,5	16,5	50	15,3	96,78
Yunnan	2.959,5	11,5	739	7,6	93,3	20	103,42
Tibete	211,5	12,2	11,2	11,4	1,5	−2,2	102,61
Shaanxi	2.883,5	12,9	798,5	18,9	105,2	20,8	93,44
Gansu	1.558,9	10,9	450,5	19,2	54,3	18,3	95,63
Qinghai	465.7	12,3	126,5	22,8	16,7	24,7	91,38
Ningxia	460.4	11,0	146,3	19,1	18,3	19,2	95,84
Xinjiang	2.200,2	11,1	657,2	18,1	88,4	9,4	97,56

OBSERVAÇÃO: Já que o PIB é calculado separadamente por estados e governos locais, a soma dos dados de diferentes regiões não é igual ao total nacional.

FONTE: Escritório Nacional de Estatísticas da China, *China Statistical Yearbook: Monthly Economic Indicators,* outubro, 2005.

investido mais no treinamento de funcionários para elevar os padrões de qualidade em âmbito nacional.

Mas, além dessas questões técnicas de metodologia, que levarão anos para serem resolvidas, existem muitas distorções intencionais de dados na China. Em alguns casos, as autoridades podem manipular os dados para mostrar que atingiram os alvos de crescimento ou que superaram as expectativas criadas por seus superiores. Em outros casos, gerentes empresariais podem informar números baixos para minimizar seus tributos ou até para encobrir fontes ilícitas de renda.

Mesmo dados tão básicos quanto os relatórios diários de temperatura foram sistematicamente falsificados na China. As leis de trabalho no país nominalmente exigem que os trabalhadores sejam liberados se a temperatura exceder os 40°C, mas, em vez de perder um dia de produção, em diversos centros industriais os funcionários oficiais desenvolveram o hábito de informar máximas de 39°C para manter a atividade das fábricas.

Há algum tempo, a China vem sendo rigorosa no que se refere à distorção de dados e o NBS também tem feito esforços concretos nesse sentido. Puniu 19 mil pessoas só em 2001 após a descoberta de 60 mil violações das leis nacionais de estatística. Mas, como os oficiais de todas as categorias são primeiramente avaliados por sua habilidade de alcançar objetivos, e como as perspectivas profissionais dependem muito dessas avaliações, a manipulação dos livros mantém-se exagerada.

Esse é um dos fatos relativos à China que você precisa ter em mente enquanto absorve todas as informações disponíveis. Se lhe servir de consolo, sua concorrência lida com os mesmos problemas.

TRABALHE COM OS DADOS QUE VOCÊ POSSUI, NÃO COM OS DADOS QUE GOSTARIA DE POSSUIR

Infelizmente, as pessoas de fora têm poucas alternativas aos dados oficiais falhos da China. Mesmo grandes organizações multilaterais como o Banco Mundial, o Banco Asiático de Desenvolvimento, o Fundo Monetário Internacional e o Programa de Desenvolvimento da ONU – que tiveram amplos recursos e ótimos economistas e analistas trabalhando na China – têm dificuldades para executar a tarefa de reunir todas essas informações de todos os cantos desse vasto país. O mesmo se aplica aos analistas que trabalham para governos estrangeiros em diversas embaixadas em Pequim, aos jornalistas que escrevem boa parte do que é lido sobre a China e aos analistas e economistas independentes que tentam fazer previsões para alguns dos maiores bancos e bolsas de valores do mundo.

Ao mesmo tempo, no entanto, nenhuma dessas pessoas pode executar suas funções sem dados. Então, fazem o melhor que podem com os dados que têm. Todos estão cientes das falhas e das armadilhas, e a maioria trabalha considerando que as distorções permanecem mais ou menos constantes ano a ano. Se os valores de rede não são necessariamente confiáveis, esses analistas geralmente presumem que as movimentações de dados para cima ou para baixo ao menos refletem a verdadeira direção de qualquer tendência estatística.

Alguns tentam fazer um trabalho melhor utilizando certos tipos isolados de dados que considerem mais confiáveis. Há alguns anos, o professor Thomas G. Rawski, especialista em China, do Departamento de Economia da Universidade de Pittsburgh, causou certo alvoroço na comunidade que acompanha os assuntos chineses ao examinar as relações por meio de uma série de fatores, incluindo o uso de energia, os volumes de fretes e as acumulações de inventário para triangular um valor mais plausível para o PIB da China. Ele concluiu que a taxa de crescimento econômico da China em 2001 foi provavelmente mais próxima dos 4% do que do índice de 7,3% apresentado pelo governo.

Outros economistas preferem utilizar dados isolados que possam ser amparados por outras fontes – tais como índices de comércio exterior – para fazer suas próprias estimativas a respeito do que realmente acontece na economia chinesa.

Assim como esses macroanalistas, você também precisará ficar atento às anomalias e distorções que possa encontrar. E, presumindo que você já conte com a vantagem de entender seu próprio setor, estará bem equipado para identificar as pequenas coisas que simplesmente não fazem sentido.

Enquanto tenta analisar os setores de carne e pecuária da China, por exemplo, os especialistas em agricultura da Organização para a Cooperação e Desenvolvimento Econômico (OCDE) peceberam que o suprimento de carne não era compatível com a demanda implicada nos dados. Ao tomar as estatísticas publicadas e recalculá-las com base nos números mais facilmente confirmados – e que, portanto, tinham menos probabilidade de ser falsificados –, esses detetives dos dados concluíram que o verdadeiro índice de consumo de carne per capita em ambiente urbano era na verdade duas ou três vezes maior do que havia sido relatado. Para qualquer um que trabalhe com alimentos de origem animal, pecuária ou indústria de distribuição de carne, tal informação seria muito valiosa.

TODOS NAVEGANDO... NAVEGANDO NA CHINA!

Os principais portais de navegação da China estão disponibilizando cada vez mais o seu conteúdo em inglês, e os dois principais sites do continente, Sohu.com e Sina.com, provavelmente irão configurar seu caderno de endereços *online* em pouco tempo. Suas páginas em inglês podem ser acessadas através dos endereços http://english.sohu.com e http://english.sina.com/index.html. Enquanto suas páginas iniciais apresentam muito conteúdo do *China Daily*, suas ferramentas de busca levam a muitas fontes chinesas em inglês que de outra forma seriam difíceis de encontrar. Esses portais, é claro, trabalham com as mesmas restrições que o resto das mídias chinesas, o que significa que existem limites quanto ao que suas pesquisas apresentarão. Mas, olhando pelo lado positivo, os links que aparecem nesses sites não são vetados por censores do governo e, portanto, permitirão o seu acesso. O mesmo vale para www.baidu.com, o principal instrumento de busca da China.

É uma experiência frustrante comum na China verificar que muitos dos links indicados pelo Google ou por outros sites de busca ocidentais são bloqueados pelos censores do governo. Em alguns desses casos, em que os sites apresentam conteúdo envolvendo tópicos políticos polêmicos, como Taiwan, o Tibete ou dissidências políticas internas, mesmo que sejam desfavoráveis ao ocidente, as razões são óbvias.

Em outros casos, conteúdos aparentemente inócuos são bloqueados pelo vasto sistema de filtragem de dados da China. Curiosamente, há muitos procedimentos em vigor pelos quais os usuários podem solicitar acesso a sites que tenham sido equivocadamente classificados como "questionáveis" ou "impróprios" pelos misteriosos censores de internet chineses. Mas já que esses censores trabalham em segredo, as solicitações devem passar por um provedor comercial de serviços de internet, e para muitos deles não é claro que muitos tenham obtido sucesso.

Assim como alguns dos usuários mais obstinados da China, os estrangeiros residentes, ou que estejam no país, geralmente encontram uma maneira de contornar a vigilância do governo à internet através da utilização de vários servidores proxy. Os mais eficientes exigem uma taxa de assinatura, e às vezes podem causar lentidão em transferências de dados ou interferir em outros aplicativos, como programas de chat. E mesmo sem um proxy, você descobrirá que a inspeção de dados *packet* da China provoca considerável lentidão em sua navegação.

Mas, apesar de toda essa filtragem, a navegação na internet na China permanece uma ferramenta muito importante. Os departamentos de governo demoraram a estabelecer sua presença na web, e muitos ministérios e agências empregaram pouco esforço na criação de sites. Mesmo sem nunca ter sido muito úteis, alguns desses sites ainda existem, como tantas outras inutilidades cibernéticas desatualizadas. Recentemente, no entanto, os sites do governo têm se aprimorado. Em 2005, o governo central lançou seu portal oficial em inglês no endereço http://english.gov.cn. Oferecendo links atualizados para informações de negócios, estatísticas e atualizações nas leis chinesas que sofrem constantes alterações, esse site representa outro excelente recurso.

Pequim também se inseriu no *cyberspace* com seu próprio portal, o www.ebeijing.gov.cn, que oferece informações estruturais vitais a respeito de como viver sendo estrangeiro na capital do país.

RECURSOS ESTRANGEIROS DE INTERNET

Além dos principais sites de mídia estrangeira, há uma grande riqueza de informações a respeito da China disponibilizadas por agências estrangeiras na internet. Entre as melhores estão as páginas chinesas do Banco Mundial (http://web.worldbank.org) e do Banco de Desenvolvimento Asiático (www.adb.org). Ambas oferecem grandes quantidades de informações valiosas a respeito da situação macroeconômica da China e recursos aprofundados em setores específicos. Ofertas semelhantes podem ser encontradas em sites pertencentes à ONU (www.unchina.org), ao Fundo Monetário Internacional (www.imf.org), e à Organização para a Cooperação e o Desenvolvimento Econômico (www.oecd.org).

QUENTE DA IMPRENSA

Outra fonte de informações potencialmente importante a respeito da China é a mídia doméstica. Não foi sempre o caso, e pode ser que surpreenda qualquer pessoa que conserve visões desatualizadas da indústria de informações chinesa.

Logo que cheguei à China, no final da década de 1980, o cenário editorial era de fato temível e monocromático. Eu trabalhava em um escritório de notícias britânico que recebia dezenas de jornais locais diariamente, e mal se podia distinguir o conteúdo de um do outro. Esse fator era previsível, já que boa parte daquele conteúdo vinha da mesma agência de notícias, a Xinhua News Agency, administrada pelo governo, e boa parte das decisões editoriais vinha do mesmo escritório governamental de propaganda.

Como os jornais eram extremamente subsidiados e seus assinantes geralmente eram escritórios do governo ou agências estatais sem escolha, os editores não tinham muita preocupação em produzir conteúdo interessante ou capas que chamassem a atenção. Esses jornais obviamente eram ferramentas importantes para a manutenção da linha oficial, mas dificilmente ofereciam informações úteis.

Mas, assim como quase tudo na China, a indústria editorial sofreu drásticas mudanças no último decênio. O mercado agora conta com novos títulos, todos comprometidos com a competição e com as verbas de propaganda. Observe qualquer esquina de rua através da janela de um automóvel e você certamente verá uma banca de jornal lotada de jornais e revistas que incluem ilustrações chamativas, manchetes sensacionalistas e muito apelo sexual.

Em termos nacionais, existem agora mais de 8 mil revistas, 2 mil jornais e 300 canais de televisão competindo por mais de 35 bilhões em verba anual destinada a investimentos em propaganda. Com dezenas de milhões de chineses aventurando-se no mercado doméstico de ações e outros milhões envolvidos diretamente no negócio, a indústria da notícia compete no mesmo patamar de indústrias como a da moda e a esportiva.

Para satisfazer a essa demanda, os repórteres chineses investigam histórias de formas antes inimagináveis. É claro que toda a mídia chinesa permanece sob o controle direto do governo e ainda enfrenta algumas restrições quanto ao que pode ou não publicar – especialmente quando isso envolve pessoas ou políticas dos mais altos níveis do governo. Como resultado, boa parte dos jornalistas chineses convive com a frustração de saber que suas principais histórias jamais serão divulgadas.

A interferência não-oficial pode ser ainda pior. Em sua forma mais crua, os jornalistas chineses são constantemente sujeitos a ameaças – e às vezes até mesmo a violência – quando suas investigações levam a pessoas influentes que tenham o que esconder.

E por vezes essa interferência é ainda mais sutil. Conheço um jornalista televisivo de um importante canal chinês cuja carreira foi encerrada depois que ele seguiu uma pista que levava a um escândalo de corrupção bancária. Reconhecendo a necessidade de puxar as rédeas da corrupção desenfreada e a potencial utilidade da mídia jornalística em expor alguns escândalos, o governo chinês passou a ser um pouco mais tolerante com esse tipo de notícia. Então, não foi inteiramente insensato da parte do jornalista achar que deveria investigar uma história bombástica que pudesse ir ao ar em seu programa.

Mas depois de breve investigação, ele descobriu que a história envolvia uma série de figuras importantes do aparato da segurança municipal de Pequim. Divulgar qualquer história estava fora de cogitação. E como qualquer investigação na melhor das hipóteses seria uma perda de tempo, e na pior delas levaria a sérios problemas, ele prudentemente resolveu deixar a história de lado.

Para qualquer repórter, abandonar um grande furo como esse seria frustrante, mas infelizmente para ele os envolvidos no escândalo souberam de seus esforços iniciais e não aceitaram sua palavra de que deixaria as investigações de lado. Em vez disso, buscaram garantir o seu silêncio através de subornos. As ofertas subiram rapidamente, de dinheiro para um pequeno apartamento, depois para uma casa no subúrbio.

Em resposta à sua recusa ética em aceitar, essas autoridades iniciaram uma campanha de ameaças, assédio e ataques que durou um ano. A unidade de notícias viu seu tempo de exibição e seus investimentos secarem. Os colegas e a noiva do repórter também foram assediados e intimidados. Sem conseguir enxergar qualquer saída que fizesse seus inimigos recuarem, ele teve de considerar seriamente a possibilidade de deixar a China.

Mas, mesmo nesse ambiente, os repórteres conseguem produzir alguns trabalhos ousados. Uma das táticas dos jornalistas políticos é manter o nariz afastado de assuntos complicados em sua região. Pessoas como as que intimidaram meu amigo tendem a ter considerável infuência, mas costumam ter pouco alcance em outros lugares. Um jornalista de outra província tem mais chance de concluir uma investigação e publicar uma história.

Então, apesar das limitações sobre o modo e o lugar onde podem trabalhar livremente, as agências chinesas têm divulgado informações importantes e reveladoras que podem ser bastante úteis a você, que busca manter-se a par do desenvolvimento dos lugares ou dos setores que lhe dizem respeito. Se, por exemplo, um oficial for pego por algum escândalo de corrupção em uma cidade em que você tem negócios, isso é algo que você precisa saber – e, cada vez mais freqüentemente, notícias como essas são divulgadas pela imprensa chinesa local.

Poucas dessas informações são publicadas em inglês, então, se você não souber ler chinês, precisa encontrar outra maneira de manter-se a par do que acontece. Uma possibilidade é atribuir a algum de seus funcionários a tarefa de analisar as notícias divulgadas pela imprensa local e procurar por aquelas que possam interessar. Já que a maioria das publicações chinesas possui versões na internet, é cada vez mais fácil manter-se atualizado quanto ao que é escrito a respeito de empresas em particular, sejam estas suas fornecedoras, concorrentes ou até parceiras.

Mas, se você for de fato seguir essa rota, é vital que ofereça guias a respeito do que considera importante. Alguns membros de sua equipe podem considerar mais importantes as informações amplamente divulgadas por muitas mídias simultaneamente. De alguma forma, é claro, essas histórias são importantes, já que representam o ponto de vista oficial. Mas esses itens são facilmente acessíveis, mesmo por meio de publicações chinesas que contem com versões em inglês; então, para que realmente acrescentem alguma coisa, seus funcionários devem desenvolver um olho capaz de detectar informações importantes e incomuns que tenham relevância para o seu negócio.

Outra opção é delegar essa função a um profissional do serviço de monitoração de mídia. As empresas de assessoria, tanto as gigantes internacionais quanto seus concorrentes locais, oferecem serviços para seus clientes da China. Também existem empresas que executam monitoração personalizada da mídia chinesa. Dentre essas estão a SinoFile.net (www.sinofile.net), a Miaojian Information Ltd. (www.miaojian.com) e a EIN News (www.einnews.com/china).

Independentemente de fazer a monitoração das mídias por meio de uma empresa ou de designar seus funcionários para fazê-la, você também deve manter-se atualizado quanto às crescentes fontes de mídia que apresentam notícias em inglês. O jornal nacional *China Daily*, publicado em inglês, é um ponto de partida.

Apesar de ser freqüentemente menosprezado e classificado como um porta-voz do governo (o que de fato é), esse jornal continua sendo um recurso útil. O *China Daily* também é amplamente ridicularizado por alguns leitores estrangeiros contrariados com o seu incansável apoio às políticas do governo. Apesar de essas críticas serem verdadeiras, o jornal também investiu em coberturas cautelosas sobre o lado negro da história da China. De maneira geral, ele oferece um resumo completo da posição do governo a respeito das mais importantes questões, e apesar de ser voltado para um público estrangeiro e ter, portanto, uma abordagem um pouco diferente, ele oferece uma idéia geral de como se comporta a grande mídia chinesa. O jornal em si é amplamente distribuído no país, geralmente de graça. Assinaturas para entregas no mesmo dia em toda a China são bem baratas, e quase todo o seu conteúdo, inclusive os arquivos, está disponível na internet (www.chinadaily.net).

Outras mídias úteis em língua inglesa incluem a agência estatal Xinhua News Agency (www.xinhuanet.com/english), que possui ferramenta de busca e é atualizada regularmente, e a Beijing Review (www.bjrevies.com), que traz atributos mais extensos e análises (porém de tendências oficiais e pró-governamentais).

Algumas das publicações mais recentes da mídia chinesa são mais interessantes, e encabeçando esta lista temos a *Caijing Magazine* ("Finança e Economia"). A *Caijing* foi fundada em 1998 para ser mensal, e logo sua leitura se tornou obrigatória nos círculos empresarias e políticos, difundindo-se para além deles. Apesar de ainda estar sujeita à supervisão estatal, a revista se mantém notavelmente independente para os padrões chineses. Editada por uma mulher impressionante chamada Hu Shuli, a *Caijing* é agora quinzenal e publica algumas das reportagens empresariais, políticas e sociais mais ousadas da China. Parte de seu conteúdo encontra-se disponível em inglês (http://caijing.hexun.com/english/home.aspx) e sua leitura é indicada não somente por sua importância, mas também porque o conteúdo estimula uma série de debates em empresas e escritórios do governo por todo o país. A *Caijing* é ampla e religiosamente lida por empresários importantes, e lê-la lhe permitirá compreender melhor o que se passa na cabeça das pessoas com as quais você lida.

Certamente você desejará fazer uso do ambiente de mídia da China, que não pára de crescer, mas também deve estar preparado para suas falhas. Os jornalistas chineses, infelizmente, têm um pouco em comum com os estatísticos chineses, e seu ofício nem sempre é praticado considerando os mais altos padrões técnicos e éticos. Relativamente novos no quesito de investigar as verdadeiras notícias, muitos jornalistas chineses optam por, freqüentemente, confiar nas informações passadas pelo governo e pelas corporações, transmitindo-as aos leitores com poucos acréscimos.

Pior, alguns ainda se contentam em publicar histórias favoráveis a qualquer empresa que lhes pague para tal. Certa vez, uma executiva americana me contou o que aconteceu após uma entrevista requisitada por um jornalista chinês que compareceu a uma coletiva de sua empresa anos antes. Em vez de fazer novas perguntas, ele fez uma proposta: por 5 mil RMB, escreveria uma história favorável à sua empresa; por 10 mil, permitiria que ela mesma a escrevesse, e em seguida garantiria a publicação em seu jornal. Então, mais uma vez, a sabedoria popular – "Você não pode acreditar em tudo o que lê" – também se aplica na China. Ainda mais.

INFORMAÇÕES CORPORATIVAS

Se você nem sempre pode acreditar em tudo o que lê na imprensa chinesa, o que dizer sobre as informações que as empresas chinesas divulgam diretamente? Felizmente, esta é uma das áreas em que o país vem apresentando rápido progresso, principalmente entre as empresas listadas. O governo chinês está se mobilizando consideravelmente para melhorar os padrões da governança corporativa e boa parte desses esforços se centram na elaboração de relatórios precisos sobre as finanças corporativas. Liderando o caminho, há muitas empresas chinesas listadas nos Estados Unidos e em outros mercados estrangeiros. Sujeitas a essas exigências mais rigorosas, as empresas estão ajudando a estabelecer um padrão nacional mais elevado.

Nesse caso, também é útil comparar a atual situação a um passado não muito distante. Duas bolsas de valores domésticas da China, em Shenzhen e em Xangai, foram lançadas em 1990 e 1991, e durante os primeiros anos os padrões dos relatórios financeiros eram simplesmente atrozes. Durante esse período, vi uma pequena nota em um jornal local em que uma empresa anunciava que o relatório financeiro que fizera dias antes continha um erro. Em vez de lucrar milhões de iuanes no último trimestre, a empresa tinha na verdade perdido milhões de iuanes. A empresa cordialmente se desculpou com os investidores pelo erro infeliz e por qualquer inconveniência que pudesse ter causado.

As conseqüências dessa trapalhada desde então se intensificaram. Um caso marcante ocorreu no fim de 2002, quando a Zhengzhou Baiwen, listada em Xangai, falsificou suas finanças e seus lucros para elevar seu valor na bolsa. Três executivos foram condenados em um tribunal criminal, e a empresa também enfrentou processos civis, abertos pelos investidores lesados. Desde então, os padrões de auditoria foram intensificados. Enquanto as empresas chinesas ainda não têm de enfrentar nada tão pesado como a Lei Sarbanes-Oxley, elas respondem à pressão com relatórios mais precisos.

VER PARA CRER

Na China, como em todo lugar, a melhor maneira de descobrir o que se passa é ver com os próprios olhos. Uma das mais astutas analistas chinesas é Jing Ulrich, líder dos mercados chineses da JPMorgan Securities. Como alguém que ganha a vida avaliando eqüidades chinesas, ela há muito aprendeu que os relatórios de mídia, os complementos de empresas e até as anedotas de segunda mão a respeito das empresas chinesas oferecem apenas uma visão incompleta. "O que aprendi", Ulrich me contou, "é que você precisa viajar. Você precisa falar com as pessoas diretamente, e acima de tudo precisa se inserir e executar algumas coisas por si mesmo."

Natural de Pequim, Ulrich pode fazer boa parte do trabalho sozinha. Quem não fala chinês, no entanto, precisa da ajuda de colegas chineses. Mas, infelizmente, pedir para que os chineses procurem por informações na China às vezes conduz a algumas armadilhas. A China mantém regras abrangentes, algumas até arbitrárias, a respeito do que exatamente constitui um segredo de estado, e ao longo dos anos muitos empregados chineses de empresas ocidentais aprenderam – da maneira mais difícil – que buscar informações empresariais mais delicadas pode ser ilegal.

Houve uma série de casos em meados da década de 1990. Um deles envolveu Xiu Yichun, uma executiva chinesa que trabalhava para a empresa de petróleo Royal Dutch Shell. Quando ela tentou descobrir detalhes a respeito de um processo de aprovação pendente do governo – que envolvia um grande projeto de refinaria que sua empresa desenvolvia em conjunto com a China National Offshore Oil Corporation –, ela acabou no limbo da legalidade chinesa, detida, mas não condenada. Ela foi liberada, mas somente após 13 meses.

Por volta dessa época, uma pesquisadora local da empresa suíça SBC Warburg se encontrou em situação semelhante ao descobrir um pouco mais do que deveria a respeito dos planos centrais dos bancos chineses para uma desvalorização da moeda. Num caso semelhante, o pesquisador chinês Xi Yang trabalhava no exterior para um jornal e foi condenado a 12 anos de prisão por obter e divulgar informações restritas envolvendo índices de produção de ouro na China e políticas de taxas de juros.

Mais recentemente, cientistas sociais de etnia chinesa, inclusive muitos com passaportes estrangeiros, foram presos porque suas pesquisas cruzavam as fronteiras que a China determina para definir seus "segredos". Houve poucos casos como esses nos últimos anos, mas a ameaça permanece real. Materiais chineses são constantemente marcados como secretos ou de circulação interna, apesar de serem amplamente disponíveis. Até alguns jornais, como o *Cankao Xiaoxo*, de "notícias referenciais", são classificados dessa forma, apesar de serem vendidos abertamente em quiosques nas calçadas por alguns centavos.

Mas as empresas estrangeiras podem tomar providências para proteger seus funcionários locais contra esses perigos, de acordo com John Kamm, há muito tempo vivendo na China e que fala por experiência própria.

Kamm fez sua primeira viagem à China em 1976, e desenvolveu uma carreira como executivo muito bem-sucedido (e muito bem pago). Mas, a partir de 1990, ele pôs em prática, em casos de direitos humanos, seu conhecimento sobre a China, fazendo *lobby* para obter a liberação de presos políticos. Então, largou todos os negócios e instituiu a Fundação Dui Hua (Diálogo), baseada em São Francisco, trabalhando em tempo integral para pesquisar casos de prisioneiros políticos e advogar para eles. Participou de uma série de intervenções bem-sucedidas, ajudando a assegurar a soltura de diversos prisioneiros, ao mesmo tempo em que mantinha boas relações com seus muitos contatos chineses importantes.

De acordo com Kamm, as empresas estrangeiras precisam reconhecer os riscos especiais que envolvem executivos de etnia chinesa e ter muita cautela em relação ao que lhes pedem para fazer. Também devem estar equipadas com um plano de ação para o caso de acontecer o pior.

No direito criminal da China, o status dos detentos muda completamente durante os primeiros dias de prisão, e quanto mais tempo o caso se mantiver em processo, mais difícil se torna desacelerar a máquina legal – que quase sempre produz condenações. Durante o intervalo de tempo que pode levar para uma empresa descobrir para qual advogado ligar e a quais autoridades do governo se dirigir ao buscar ajuda, o caso pode se complicar irreparavelmente. As empresas devem, portanto, saber antecipadamente o que fazer e se apressar para fazê-lo.

PONTOS IMPORTANTES DO CAPÍTULO 5

1. Cultural e politicamente, a tendência-padrão na China é ao sigilo, e não à abertura e à partilha de informações. As coisas melhoram constantemente, mas ter acesso a informações precisas e relevantes sobre o ambiente empresarial chinês será um de seus maiores desafios.

2. Para dados mais elementares a respeito de economia e negócios chineses, o Escritório Nacional de Estatísticas (NBS) é a fonte primária. A cada ano, publica o *China Statistical Yearbook*, uma compilação bilíngüe de dados detalhados a respeito de qualquer categoria econômica, social e geográfica concebível. O NBS também mantém um site bilíngüe e publica outras informações úteis, inclusive atualizações estatísticas mensais.

3. Infelizmente, a qualidade dos dados estatísticos primários oferecidos pelas agências governamentais da China pode ser questionável, variando de vagamente inconsistentes a completamente manipuladas. A maioria dos analistas trabalha considerando que as distorções permanecem constantes ano a ano e que, mesmo que os valores informados possam não ser confiáveis, as oscilações para cima ou para baixo refletem, ao menos, a direção correta de qualquer tendência estatística.

4. A internet na China é relativamente censurada. O conteúdo é controlado em sites nacionais e a Great Firewall of China bloqueia o acesso a muitos sites estrangeiros. Mes-

mo assim, a internet permanece sendo um recurso valioso. Muitas agências governamentais chinesas mantêm sites úteis, e, apesar das frustrações provocadas pelos bloqueios, muitos sites estrangeiros permanecem acessíveis.

5. Apesar dos limites rigorosos à liberdade de imprensa, a mídia chinesa às vezes traz informações importantes e reveladoras que podem auxiliar a compreender o desenvolvimento de lugares e setores que lhe digam respeito. Se, por exemplo, um escândalo de corrupção agita as coisas em uma cidade onde você tenha negócios, você precisa saber a respeito. Hoje em dia, essas notícias surgem primeiro na imprensa chinesa local.

6. Se você não souber ler chinês, precisará encontrar outra maneira de acompanhar as notícias, como designar um funcionário para avaliá-las constantemente e procurar matérias que possam interessar a seus negócios, ou delegar a função a uma das empresas de assessoria em atividade na China.

7. Os padrões dos relatórios financeiros e corporativos têm melhorado, mas permanecem fracos em comparação a padrões ocidentais. A melhor maneira de descobrir algo sobre uma companhia é verificar pessoalmente.

8. Apesar da abertura gradual, severas leis de sigilo permanecem ativas na China. As empresas estrangeiras podem sofrer – e sofrem – severas conseqüências em virtude dessas leis. Os funcionários de etnia chinesa são particularmente vulneráveis a esses problemas legais.

SITES ÚTEIS RELACIONADOS À CHINA

Sites governamentais

Governo Central da China: http://english.gov.cn
Ministério do Comércio da China: http://english.mofcom.gov.cn
Cidade de Pequim: www.ebeijing.gov.cn
Cidade de Xangai: www.shanghai.gov.cn
Escritório Nacional de Estatísticas: www.stats.gov.cn/english

Portais e sites de mídias líderes

Baidu: www.baidu.com
Beijing Review: www.bjreview.com
Caijing Magazine: http://caijing.hexun.com/english/home.aspx
China Daily: www.chinadaily.com.cn
Sina: http://english.sina.com/index.html
Sohu: http://english.sohu.com
Xinhua News Agency: www.xinhua.net/english

Sites de organizações norte-americanas

Câmara Americana de Comércio na China:
 www.amcham-china.org.cn
Embaixada norte-americana em Pequim:
http://beijing.usembassy-china.org.cn
Conselho de Negócios EUA–China: www.uschina.org

Sites de agências internacionais

Banco Asiático de Desenvolvimento: www.adb.org
Fundo Monetário Internacional: www.imf.org
Organização para a Cooperação e Desenvolvimento Econômico: www.oecd.org
ONU: www.unchina.org
Banco Mundial: http://web.worldbank.org

Capítulo 6

O preço da China

Em um artigo muito influente, publicado em dezembro de 2004, a revista *Business Week* identificou o que chamou de "as quatro palavras que mais assustam a indústria norte-americana". Estas quatro simples palavrinhas são: o preço da China.

"Em geral", explicou a *Business Week*, "o preço da China significa 30% a 50% menos do que você utiliza para fazer algo nos EUA. Na pior das hipóteses, fica abaixo do custo de seus materiais."

De fato, é assustador. Em seu livro, publicado em 2004, *The Chinese Century*, Oded Shenkar fez um alerta ameaçador, dizendo que "os deslocamentos provocados pelo avanço chinês não são cíclicos e temporários, mas representam uma restruturação fundamental do sistema global de negócios". Ele também ofereceu um bom conselho: "Para as empresas que operam em indústrias de trabalho intensivo, as perspectivas são ruins. Para muitas empresas de países desenvolvidos, principalmente para aquelas às quais faltam o poder de marca ou capacidades especiais, a melhor opção é simplesmente abandonar o mercado".

"Trata-se de uma solução radical, que implica severas conseqüências para os empregados e as comunidades, mas é preferível a um lento padecimento, pois permite que os recursos capitais e humanos sejam redirecionados, em vez de desgastados", continuou Shenkar, que é membro do gerenciamento de negócios globais do Fisher College of Business da Ohio State University.

Cerca de 13 anos antes de Shenkar escrever essas palavras, fui levado a um tour repentino do fenômeno do preço da China por meu próprio sogro, Morris Lipson, que lutava com essa questão. Ele havia passado anos montando e cuidando de um negócio de roupas sediado em Manhattan, e produzia vestuário feminino barato – robes, aventais em geral – em uma fábrica na Virgínia e outra na Carolina do Norte. Em janeiro de 1992, um dia após o nascimento do nosso primeiro filho, minha mulher me pediu que saísse e trouxesse um casaco para ela no quarto do hospital, então Morris foi comigo até uma loja K-mart próxima, no sul da Flórida.

Eu estava ansioso para voltar logo ao hospital, mas Morris parava o tempo todo, inspecionando um artigo após outro. Ele olhava os preços e murmurava sempre a mesma coisa: "Como eles conseguem? Como posso competir com eles a estes preços?" Todos os itens mais baratos que via eram fabricados na China, e logo calculou que não podia sequer comprar tecidos para a sua fábrica a esses preços, quanto mais confeccionar um produto – ou lucrar com ele. Alguns anos mais tarde, ambas as suas fábricas foram fechadas.

Evidentemente, mesmo nessa época não havia nada de novo no desafio apresentado pelos produtores estrangeiros que vendiam a baixo custo. Esse tem sido um fator determinante na perda de milhões de empregos americanos no setor de manufatura nas últimas décadas. E não tem sido só a China. Como outros americanos em sua indústria, Morris competia com produtores de artigos de vestuário na América Latina, no Egito, em Bangladesh e em diversos outros lugares. Em outras indústrias, os fabricantes americanos lutavam para competir com o fluxo de calçados do Vietnã, eletrônicos da Malásia e diversos outros produtos baratos – de brinquedos a mobília – de muitos outros países em desenvolvimento.

Mas ainda assim a China configura um caso especial. Diferentemente da maioria das outras economias em desenvolvimento, o seu potencial exportador é sustentado por um vasto e crescente mercado doméstico. A combinação permite que ela tenha oportunidades inigualáveis para alavancar economias de escala, e é um dos muitos fatores envolvidos no preço da China. Considerando somente a extensão territorial, o país tem potencial para dominar muitos setores.

Essa mesma dinâmica explica por que o medo e a consternação não foram as únicas respostas ocidentais ao fenômeno do preço da China. A combinação de oportunidades de produção de baixo custo e potencial acesso a um enorme mercado inspirou muito entusiasmo – e uma autêntica debandada de empresas ocidentais para o coração manufatureiro da China em busca de vantagens de custo.

Com todo o medo que o preço da China causa no coração dos fabricantes ocidentais, vale a pena notar que também provocou alguns temores no lado chinês. A pressão, afinal de contas, atua sobre os dois lados, e a busca impetuosa de fabricantes e comerciantes ocidentais por preços baixos provocou uma forte competição na China entre potenciais fornecedores. Aliás, conforme coloca Jing Ulrich, da JPMorgan, "a China ainda aceita preços, e não os determina, pois ninguém lá pode se dar ao luxo de perder o Wal-Mart como cliente".

COSTURANDO UM LÍDER INDUSTRIAL

O setor têxtil e de vestuário provavelmente é o que melhor ilustra como a China percebeu seu potencial para dominar a indústria. O país já era um agente poderoso no comércio de roupas há anos, mas seus concorrentes globais sentiam um pânico maior na medida em que o dia 1º de janeiro de 2005 se aproximava. Pelas regras que cercavam a adesão chinesa à Organização Mundial de Comércio, essa data marcaria o fim de todas as restrições de cotas de exportações de peças de roupa chinesas. Na medida em que esse dia se aproximava, os produtores de outros países em desenvolvimento alardeavam o estrago que uma China sem restrições poderia causar não só em relação às suas indústrias de tecido, mas também às suas sociedades.

Em Bangladesh, os líderes industriais previram que a ameaça chinesa aos empregos dos 10 milhões de trabalhadores desse ramo no país poderia resultar em uma "anarquia social". O próprio diretor geral da Organização Mundial de Comércio, Supachai Panitchpakdi, reconheceu que a economia de muitos países em desenvolvimento poderia se tornar "extremamente vulnerável" com a retirada dessas cotas.

Durante o período de aproximação da retirada final das cotas, as autoridades chinesas esforçaram-se e foram a público para dissipar os medos do que chamaram de previsões "sensacionalistas" de tragédias e tristezas. O fim das cotas, defendiam, também seria benéfico para outros países. Qualquer crescimento da indústria têxtil chinesa significaria mais importações de equipamentos avançados, algodão e produtos de fibra química de outros países. Além disso, como cerca de 40% das exportações de vestuários chineses eram oriundos de *joint ventures* internacionais, os parceiros estrangeiros desfrutariam de toda a riqueza. "A China tem um papel importante, mas não varrerá o mundo", prometeu um representante chinês da indústria têxtil antes de as cotas serem eliminadas.

Intimamente, no entanto, muitas pessoas ligadas à indústria têxtil chinesa me contaram que acreditavam que de fato seria difícil parar a China. Ao se unir à Organização Mundial de Comércio, o país concordou em abaixar as tarifas e permitir maior acesso estrangeiro a quase todos os setores de seu mercado. Muitas indústrias chinesas sofreriam como conseqüência – dentre elas, os setores bancário e agrícola, que eram particularmente encarados como fracos adversários à competição externa.

Mas a indústria têxtil seria diferente. Essa era uma área em que a China simplesmente contava com muitas vantagens. Era de fato possível que ela dominasse, e o mundo simplesmente teria de aceitar esse fato como parte do mais amplo acordo da Organização Mundial de Comércio.

Mas antes de examinar exatamente quais são essas vantagens e quais delas podem ou não ser influenciadas por empresas estrangeiras, vamos ver como as coisas realmente ficaram depois que essas cotas foram retiradas, no princípio de 2005. Os detalhes dependem um pouco de que produtos exatamente – e de que dados – você prefere avaliar. Mesmo assim, a tendência não poderia ser mais clara.

Ao final do primeiro trimestre de 2005, o Departamento de Comércio norte-americano relatou que as importações americanas de produtos têxteis e de vestuário chineses haviam aumentado mais de 63% em relação à mesma época no ano anterior. Mais ou menos nesse mesmo período, o governo chinês apresentou estatísticas mostrando que durante os dois primeiros meses de 2005 o valor de suas exportações têxteis globais cresceu em quase 14 bilhões de dólares, um aumento de 31% em relação ao ano anterior.

Em seu relatório Asian Development Outlook 2006, o Banco Asiático de Desenvolvimento afirmou que os temores de que o resto da indústria de vestuário asiática iria entrar em colapso pareciam "exagerados". Mas analisemos mais profundamente o que o Banco Asiático de Desenvolvimento relatou: as exportações chinesas para os Estados Unidos e para a Europa aumentaram consideravelmente no início de 2005, e só pararam quando os mecanismos de proteção a importações foram ativados mais tarde, naquele ano.

Mesmo com essas cotas de proteção, ainda em 2005 a indústria de vestuário chinesa registrou a marca de 30% nos mercados europeus, e de 25% nos mercados norte-americanos. Enquanto isso, a parte combinada de Hong Kong, Taiwan e Coréia do Sul nos mercados norte-americanos caiu de 9,7% em 2004 para 6,1% em 2005, em termos de volume. Em termos de valor, sua parte caiu de 11,1% para 8,4% durante esse mesmo período.

Mas, pelo regulamento atual, essas cotas de proteção só podem ser utilizadas até 2008, quando a indústria de vestuário da China não estará sujeita a mais nenhuma restrição. Um estudo de 2006, realizado pelo Conselho Nacional de Organizações Têxteis, um grupo industrial baseado em Washington, apontou que a China ganharia 70% de participação em mercados que não oferecessem restrições quantitativas. Para um observador neutro, esse Conselho trabalha para promover os interesses do setor têxtil norte-americano, e solicitou mudanças nas regras da Organização Mundial de Comércio que estendessem o uso de mecanismos de proteção para depois de 2008.

Focando em 53 categorias removidas das cotas em 2005 e não submetidas a cotas adicionais de proteção, o Conselho Nacional de Organizações Têxteis descobriu que a cota de mercado chinesa de importação norte-americana cresceu de 15% para 38% naquele ano. Examinando outro grupo de 53 produtos que viram o fim das cotas no começo de 2002, o conselho relatou descobertas ainda mais dramáticas. A cota de mercado chinesa das importações norte-americanas aumentou subitamente de 21% em 2001 para mais de 66% até 2005. Durante esse período, produtores do México, da Tailândia, de Bangladesh, das Filipinas e do Caribe viram suas exportações para os Estados Unidos declinarem. Sem uma extensão das proteções, alertou o Conselho Nacional de Organizações Têxteis, a China chegará a uma cota de mercado de 70% em todo o mundo, e continuará com "sua marcha em direção ao monopólio do mercado".

É simplista concluir que a vantagem chinesa no mercado têxtil deriva unicamente de mão-de-obra barata. Aliás, é um erro comum acreditar que os custos de mão-de-obra por si só bastam para explicar o fenômeno do preço da China. Claramente, a capacidade da China de contratar trabalhadores em tempo integral por 100 dólares mensais ou menos influencia bastante. Mas, já que a indústria têxtil chinesa tem tirado empregos tanto de países como Bangladesh quanto dos Estados Unidos, a mão-de-obra barata obviamente não é o único fator. Na verdade, o custo do trabalho é só uma parte de todo um complexo, e uma parte menor do que você provavelmente imagina.

Em 2005, analistas da CLSA divulgaram os resultados de sua pesquisa envolvendo pequenas e médias empresas chinesas que empregam cerca de três quartos dos trabalhadores manufatureiros do país. A pesquisa descobriu que, para 60% dessas empresas, a mão-de-obra registrava um décimo ou menos dos custos de produção. E somente para 10% delas a mão-de-obra constitui 20% ou mais do custo total.

Claramente, então, a resposta para a pergunta do meu sogro – "Como eles conseguem?" – não se resume a mão-de-obra barata. A bem-sucedida marcha da indústria de vestuário chinesa ao topo do mundo também se apoiou em outros fatores. Por exemplo, as empresas chinesas investiram grandes quantias na modernização de suas operações nos últimos 20 anos. Isso registra uma grande mudança em relação ao passado, quando a demanda dos consumidores chineses era uniformemente baixa e os produtores chineses de vestuário viam sua produção como algo similar a uma *commodity*.

Hoje em dia, algumas empresas chinesas ainda operam de acordo com esse modelo para atender à demanda das centenas de milhões de consumidores de baixa renda de seu próprio país. Ao mesmo tempo, no entanto, existem milhares de empresas chinesas de vestuário utilizando equipamentos importados para acelerar a produtividade e melhorar os processos. Atualmente existem ao menos 50 universidades chinesas oferecendo cursos de graduação voltados para a indústria têxtil e formando pessoas mais bem-preparadas para cuidar de aspectos que envolvem design, marketing e desenvolvimento de produto, coisas que tantas empresas chinesas negligenciaram no passado.

O desempenho chinês nos mercados estrangeiros foi auxiliado pelo crescente senso de moda e pela melhora dos padrões de vida nas áreas mais prósperas do país. Xangai emergiu na década de 1990 como a capital da moda chinesa e visa chegar, nos próximos dez anos, ao patamar de Milão, Paris, Nova York e Tóquio como um centro mundial de moda. Quanto mais aprende a atender às necessidades de seus consumidores mais sofisticados, mais bemposicionada se torna a indústria de vestuário da China para satisfazer à demanda de seus mercados internacionais.

Mas, em vez de simplesmente deixar a base do mercado vaga ao subir na cadeia de valor, a indústria têxtil chinesa expandiu e se elevou, ao mesmo tempo em que manteve sua base sólida nesse espectro. Isso marca uma importante diferença em relação ao caminho para o sucesso percorrido pela economia dos chamados Tigres Asiáticos (Hong Kong, Cingapura, Coréia do Sul e Taiwan), que tendem a abandonar os segmentos mais baixos cedendo o lugar para outros produtores de baixo custo ao subirem na cadeia. Ao expandir seu território, em vez de simplesmente migrar, a China ganha enormes vantagens de escala.

Portanto, a China foi muito além de simplesmente se apoiar em sua mão-de-obra barata. Em vez disso, construiu uma indústria globalmente dominante sobre uma variedade de pilares, incluindo estratégias seguras e investimentos prudentes no setor durante um longo período.

A China seguiu um modelo semelhante em sua produção de aparelhos de televisão. Enquanto seus fabricantes domésticos continuam dominando completamente o mercado local de televisões a cores, a China também tem apresentado crescimento no mercado das televisões de plasma de tela plana. Esse segmento, que basicamente oferece produtos com telas maiores e margens de lucro mais amplas, atualmente é dominado por fabricantes sul-coreanos e taiwaneses. Muitos deles já transferiram suas operações de fabricação para a China, e os fabricantes chineses rapidamente criaram suas próprias versões desses produtos. Eles ainda precisam ultrapassar os líderes do mercado, mas já estão se inserindo rapidamente em um segmento que parece ter um futuro brilhante. De acordo com a Analysys Inc., uma consultoria chinesa de tecnologia, o mercado da tevê de tela plana cresceu 116% em 2005, e espera-se que cresça a uma média anual de 56% nos próximos quatro anos.

O alinhamento dos astros não é tão favorável em todos os setores aos fabricantes chineses, e em algumas áreas eles enfrentam sérias deficiências. Isso, é claro, significa que há uma série de oportunidades para as companhias estrangeiras empregarem suas próprias vantagens enquanto acessam o que podem das companhias chinesas.

GERENCIAMENTO

A especialização em gerenciamento continua sendo uma área em que as empresas estrangeiras tendem a sustentar vantagens sobre suas concorrentes chinesas. Um bom lugar para começar é no gerenciamento daquele recurso local tão discutido: a mão-de-obra barata não-especializada.

Historicamente, as empresas manufatureiras chinesas nunca se dedicaram muito, nem na teoria nem na prática, às sutilezas do gerenciamento dos recursos humanos. A mão-de-obra não-especializada sempre foi vista como uma *commodity*. Tem de ser remunerada, e é claro que na China esse preço inclui enormes obrigações de bem-estar social, mas não é vista como algo a ser cultivado, desenvolvido ou a se investir. A ausência de qualquer movimento independente de direitos trabalhistas contribuiu para essa situação. Como resultado, os trabalhadores não são vistos como pessoas diferenciadas, mas encarados como parte facilmente substituível do sistema – de forma não muito diferente da energia necessária para o funcionamento de uma fábrica ou do ferro necessário para produzir o aço.

Como qualquer teórico ocidental de gerenciamento pode atestar, no entanto, os empregados satisfeitos tendem a trabalhar melhor, e não considerar a satisfação certamente afeta a produtividade. Muitas empresas chinesas toleram baixos níveis de dedicação e fracos desempenhos de seus empregados. Elas também sofrem com baixas taxas de retenção e altos custos de treinamentos, e muitas delas, principalmente as empresas estatais mais tradicionais, tendem a ver esses fatores como parte do custo da mão-de-obra.

É fácil perceber como chegam a essa conclusão. Os trabalhadores rurais que chegam às cidades buscando trabalho costumam permanecer por períodos limitados. A diferença salarial entre as cidades e as áreas rurais basta para atraí-los, mas não para mantê-los. A maioria trabalha por alguns anos, o suficiente para acumular o necessário para a abertura de algum negócio em seus locais de origem.

Mas esse período pode não ser o suficiente para que seus empregadores extraiam o máximo deles. Os empregos preenchidos pelos chamados trabalhadores não-especializados na verdade cobrem uma vasta margem, e os treinamentos e tempo de progresso variam de acordo com ela. Pode não demorar muito para que os trabalhadores atinjam níveis eficientes de produtividade se eles estiverem remendando roupas ou colando sapatos. Mas, em outras indústrias, as coisas podem ser diferentes. De acordo com os executivos de uma empresa internacional de celulares, o treinamento de trabalhadores para torná-los aptos a lidar com o mais moderno equipamento de produção da empresa pode levar até um ano. Em um caso como esse, vale a pena tentar impedir que esses funcionários se despeçam em pouco tempo.

Essas empresas são freqüentemente desprovidas da imaginação e das ferramentas de gerenciamento necessárias para que o desempenho de seus funcionários se aperfeiçoe. Algumas das melhores estão começando a perceber esse fator, mas o aumento de produtividade nacional – por mais impressionante que seja – não está ultrapassando o aumento salarial. Entre 1992 e 2006, a produtividade da mão-de-obra entre os trabalhadores urbanos aumentou a um fator de cinco – nada mal. Mas durante esse mesmo período a média de salários na China se multiplicou por nove, de cerca de 250 dólares anuais para cerca de 2.200.

A maioria das empresas chinesas conquistou melhoras na produtividade através de ampliação da mecanização, e poderiam aumentar ainda mais sua produtividade se melhorassem o gerenciamento. Até que o façam, deixam em considerável vantagem as empresas estrangeiras, que normalmente têm uma visão mais completa a respeito do potencial valor da força de trabalho e mais experiência na motivação de seus empregados – tanto em sentido financeiro quanto em outros sentidos. Isso pode gerar benefícios significativos em termos de desempenho, eficiência empresarial e qualidade de produto.

Mas qual a importância de maximizar o valor desse recurso? Afinal de contas, nós acabamos de ver que a mão-de-obra só representa uma pequena porção dos custos de produção para a maioria dos fabricantes. Então, não pode ser possível que a velha abordagem chinesa faça mais sentido? A resposta é que, mesmo que faça, não será por muito tempo.

O atual *status quo*, em que a oferta de trabalhadores parece inesgotável e a mão-de-obra só representa uma pequena parte dos gastos, já vem apresentando sinais de mudança. É claro que a China está longe de sofrer escassez de trabalhadores. Existem dezenas de milhões de pessoas morando nas áreas rurais da China que são necessárias para a execução de trabalhos de agricultura, e não há razão para esperar que elas parem de migrar para as cidades em busca de trabalhos mais lucrativos.

Mas em regiões como o rio Pérola e o rio Yangtze, a China está começando a não contar com um certo tipo de trabalhador: mais especificamente, jovens mulheres solteiras não responsáveis por terceiros, fáceis de gerenciar e podem ser empregadas pelos menores salários. Enquanto esse grupo começa a diminuir, as fábricas estão tendo de empregar mais homens e trabalhadores mais velhos. Esses empregados precisam ganhar o suficiente para sustentar a família e estão aumentando o preço da mão-de-obra. Os trabalhadores chineses já custam um terço mais caro do que seus correspondentes no vizinho Vietnã.

Na primavera de 2005, a cidade de Shenzhen implementou um aumento de 23% no salário mínimo mensal dos funcionários de suas fábricas. Uma das primeiras zonas econômicas especiais da China, Shenzhen se localiza na província de Guangdong, logo em frente à fronteira de Hong Kong, e se tornou um dos principais centros fabris do país. Tendo se transformado, no princípio da década de 1980, de uma vila de pescadores de cerca de 20 mil moradores na grande cidade moderna de 11 milhões que é hoje, Shenzhen sempre foi uma das cidades que definem tendências em termos de políticas de reforma econômica na China. Mas, nessa instância, está atrasada em relação a outras regiões.

Em uma situação que já pareceu inimaginável para qualquer região da China, Shenzhen tem tido problemas para encontrar trabalhadores para suas fábricas. O aumento salarial de 2005 seguiu uma encomenda do ano anterior, e ao ser efetivado fez crescer o salário mínimo mensal de todos os trabalhadores de Shenzhen de 690 iuanes (86 dólares) para cerca de 850 iuanes (106 dólares). Mesmo nesse nível, no entanto, o mínimo de Shenzhen não alcança o mínimo pago em Xangai. E é fato que Xangai e a região do rio Yangtze são os locais para onde muitos dos trabalhadores que deixaram Guangdong foram. Só em Shenzhen, os funcionários oficiais relataram a falta de 100 mil trabalhadores. Estimativas do déficit de trabalhadores em toda a região de Guangdong indicam 1 milhão.

Para as empresas estrangeiras, isso tem muitos significados. Algumas delas tendem a seguir os passos das muitas empresas chinesas que começaram a se transferir para o oeste e o interior em busca de maior oferta de trabalhadores, em áreas como as províncias de Sichuan e Guangxi. Isso também significa que, na medida em que os custos de mão-de-obra crescem nas áreas manufatureiras da China, a capacidade mais desenvolvida de as empresas estrangeiras gerenciarem e cultivarem trabalhadores conquistará uma vantagem cada vez mais importante.

Existem outros aspectos do estilo de gerenciamento da China que atrasam o desempenho das empresas do país. Em uma pesquisa a respeito das práticas culturais de gerentes intermediários chineses, Nandani Lynton e Mansour Javidan identificaram numerosas tendências que ameaçam atrasar suas empresas. Os acadêmicos, ambos da Thunderbird's Garvin School of International Management, discutem que uma falha na superação dessas tendências poderia deixar a China presa a um papel em que suas empresas atuem como subcontratantes das grandes corporações globais mundiais.

O tradicional modelo chinês de liderança corporativa, por exemplo, tem tendência a ser autocrático, e se por um lado os executivos chineses estão cada vez mais conscientes de que precisam investir em poder de decisão e responsabilidade, por outro eles continuam lutando com o que Lynton e Javidan chamam de "longa história de paternalismo benevolente" da China. Tudo isso atua de forma a abafar a criatividade, a inovação, a partilha de conhecimento e o empreendedorismo.

Os líderes empresariais chineses também impedem coordenações e colaborações independentes por causa da tradicional ênfase nas culturas de "grupo". Isolar o impacto negativo dessa tendência, discutem Lynton e Javidan, requer uma mudança de foco de responsabilidades pessoais para modelos mais formais de responsabilidade, prestação de contas e avaliação de desempenho. A dupla também relatou que os gerentes chineses têm uma visão negativa de "mundanidade", e concluíram que o orgulho nacional e a determinação em manter a fidelidade às tradições empresariais e culturais podem prejudicar a capacidade chinesa de aperfeiçoar suas interações com o resto do mundo.

As empresas ocidentais sem dúvida sofrem com sua falta de compreensão das condições e práticas chinesas. Mas, em áreas identificadas por Lynton e Javidan, geralmente tendem a ter desempenhos melhores, e como conseqüência disso podem tirar proveito de significativas vantagens sobre concorrentes chineses em termos de flexibilidade, agilidade e eficiência.

É, no entanto, uma vantagem que precisarão melhorar logo, porque a qualidade do talento do gerenciamento chinês vem melhorando rapidamente. Desde os anos 1980, a China tem mandado seus melhores e mais competentes quadros ao exterior para obterem ensino superior. Durante muito tempo, a vasta maioria optou por não voltar. Dos 580 mil estudantes chineses e acadêmicos que deixaram o país entre 1978 e 2002, somente 160 mil voltaram para a China. Independentemente de onde tenham ido estudar – Estados Unidos, Europa ou Austrália –, esses estudantes geralmente encontravam oportunidades melhores ficando onde estivessem e concluindo seus estudos. Ninguém na China podia oferecer nada que se equiparasse à compensação, às condições de trabalho ou à satisfação no emprego que encontravam prontamente no exterior. A perda de talentos intelectuais foi, durante muitos anos, uma séria preocupação entre os principais líderes chineses, alguns dos quais se perguntavam abertamente se seria compatível com os interesses nacionais continuar apoiando esse êxodo de talento.

Até meados da década de 1990, no entando, a maré começou a mudar. Em meio à presença maciça de corporações multinacionais e à emergência de uma nova classe de grandes empresas chinesas, muitas dessas pessoas finalmente ficaram tentadas a voltar para casa e buscar oportunidades profissionais nos país.

Ainda mais recentemente, jovens chineses formados têm decidido não ir ao exterior para avançar nos estudos, optando, em vez disso, por ficar e tirar proveito das crescentes oportunidades educacionais da China. A maioria das universidades embarcou na onda e passou a oferecer seus próprios cursos de MBA. Muitas das universidades ocidentais mais prestigiadas do mundo também estabeleceram programas na China.

Um resultado de toda essa atividade tem sido o declínio do valor de uma formação em MBA. A maioria dos chineses formados em faculdades tem consciência de que, enquanto um MBA de uma grande instituição como Harvard ou Stanford lhes garantirá boas condições de competir profissionalmente, um certificado de alguma universidade menos prestigiada não ajudará muito em termos de distingui-los do resto. Em vez de gastar entre 20 mil ou 30 mil dólares por ano à procura dessa formação, muitos estão optando por programas na própria China.

Para as companhias estrangeiras, essa é uma bênção dúbia. Proporciona-lhes uma ótima oferta de talento a recrutar, mas ao mesmo tempo significa que cada vez mais empresas chinesas têm investido em sua capacidade competitiva, retificando suas deficiências de gerenciamento.

Após a recruta de talento gerencial, o próximo desafio é a retenção. De acordo com a Câmara de Comércio norte-americana, o ano de 2005 viu questões envolvendo equipes de gestão, transparência e a arbitrariedade do ambiente de regulamentação da China, como os principais desafios enfrentados pelos membros de suas empresas. A média nacional de funcionários que trocaram de empregos e foram para empresas de investimento estrangeiro aumentou de 8,3% em 2001 para 14% em 2005. Em Xangai, a situação era consideravelmente pior: a média de funcionários que trocaram de empregos aumentou para 14,6%, de um índice de 11% registrado no ano anterior. Empresas como a General Electric já anunciaram planos para ampliar investimentos em treinamento de funcionários e programas de retenção para suas operações na China.

Apesar das dificuldades para encontrar e reter talento de gestão local, a recompensa para uma empresa estrangeira pode ser imensa. Um executivo de uma grande empresa britânica que coordena operações em toda a China me contou que um único gerente estrangeiro custa à sua empresa 100 vezes mais do que um substituto local tão qualificado quanto. Esse cálculo parece alto demais, mas ele fará mais sentido depois que você ler o capítulo 7, no qual verá que os estudos para uma criança estrangeira podem custar mais de 20 mil dólares por ano e os custos de aluguel para uma família de um executivo estrangeiro podem chegar a 8 mil dólares por mês.

Pelo lado ruim, no entanto, o mesmo executivo britânico me contou que sua empresa havia descoberto que a substituição de gerentes estrangeiros por locais trazia uma série de novas questões de governança corporativa. Qualquer empresa estrangeira na China deve encontrar o equilíbrio adequado entre adaptar-se ao ambiente local e manter os padrões de suas matrizes ou países de origem. E, infelizmente, a diferença entre uma coisa e outra permanece muito grande.

Durante sua impetuosa corrida nos últimos 25 anos em direção a uma economia orientada pelo mercado, as leis e padrões de estrutura corporativa e requisições de gerenciamento foram amplamente negligenciadas. A conduta corporativa ética e os direitos dos acionistas não foram bem atendidos. Até 2001, quando a Comissão Reguladora de Seguros da China determinou seu código de governança corporativa para empresas registradas, o termo governança corporativa nem era muito utilizado. Com o estabelecimento desse código e das regras subseqüentes, os reguladores prometeram proteger os direitos dos investidores e acionistas, exigir tranparência e impor a responsabilidade de conselhos administrativos e de gestões em empresas registradas.

Na prática, esses objetivos se provaram impalpáveis. A maioria das empresas chinesas registradas foram criadas a partir de grandes empresas estatais, que geralmente conservavam maioria representativa. Enquanto isso, essas empresas-mães eram supervisionadas pelo governo e por representantes do Partido Comunista, cujos interesses freqüentemente divergem dos de outros acionistas. Os conflitos mais evidentes ocorrem quando os representantes políticos estão mais interessados em destacar taxas de empregos e de coleta de impostos em suas jurisdições do que em defender as equipes das subsidiárias registradas que administram. Mas diversas outras decisões empresariais podem ser submetidas a interferências políticas, inclusive a decisões aquisitivas e a estratégias operacionais.

As coisas se tornam ainda mais complicadas no que se refere a delinear bens e operações de entidades registradas de sua empresa-mãe. Linhas suspeitas e fracos mecanismos de responsabilização facilitam o fluxo de fundos e outros bens em direções indevidas no curso de transações relacionadas ao Partido.

Os executivos chineses já estão se familiarizando com as expectativas dos padrões internacionais de governança corporativa, mas muitos ainda precisam incorporá-los. E o ambiente dominante facilita o acompanhamento da corrente a território pútrido. Então, enquanto a decisão de buscar uma localização pode ser um simples passo, ele deve ser dado com cuidado, e deve haver constante manutenção de monitoração.

A maioria dos gurus de gestão empresarial dirá que, a longo prazo, boas práticas de governança corporativa são benéficas ao desempenho e à lucratividade de qualquer empresa. Mesmo nesse princípio das reformas de governança corporativa da China, há evidências de que as empresas chinesas registradas que têm melhores índices de governança corporativa indicam melhores desempenhos.

Talvez ainda mais importante, os mercados têm recompensado essas empresas que investiram na adoção de padrões mais elevados. De acordo com um relatório de 2003 da CLSA, os preços das ações de empresas chinesas que se destacaram em termos de medidas de governança corporativa – tais como a COSCO Pacific, a Zhejiang Expressway Co. e a China National Offshore Oil Corporation – superaram o índice de *benchmarking* em 24%. Durante esse mesmo período, os preços de ações das empresas que tiveram fraco desempenho registraram 26% abaixo desse mesmo índice de *benchmarking*.

Mas a curto prazo, as exigências mais rigorosas de seus países-matrizes podem impor pesados fardos em termos de tempo e dinheiro a empresas estrangeiras que tentam igualar o preço da China. Os executivos americanos na China têm ainda mais reclamações desde a passagem, em 2002, da Lei Sarbanes-Oxley (SOX). Além das taxas jurídicas e de contabilidade, que facilmente atingem a casa das centenas de milhares de dólares, a SOX impõe responsabilidades de transmissão e de conduta por meio das organizações a executivos.

Em face dos fracos padrões que ainda prevalecem na China, as empresas estrangeiras precisam dedicar muitos recursos à monitoração de *compliance* e à conduta de sua equipe local. Muitas empresas norte-americanas, as pequenas em particular, consideram esses fardos significativos, e você deve certificar-se de considerá-los em suas projeções de custo. Infelizmente, são despesas com as quais seus concorrentes chineses não têm de se preocupar, e, portanto, outro componente do preço da China.

Os produtores chineses logo conquistarão uma vantagem ainda maior quando a China aprovar a legislação planejada referente à unificação dos índices tributários. O Parlamento Chinês e o Congresso Nacional Popular já propuseram reformas detalhadas e, enquanto os detalhes podem se alterar perante a esperada passagem da legislação, o cenário já é claro. A proposta convoca uma taxa tributária corporativa unificada de cerca de 25% – um bom negócio, mais baixo do que os atuais 33% que a maioria das empresas chinesas paga, e muito maior do que as taxas preferenciais oferecidas a empresas estrangeiras, que chegam a um mínimo de 7,5%.

De acordo com pesquisadores da Morgan Stanley, os grandes vencedores entre as empresas chinesas serão aqueles que no passado se destacavam por serem "pagadores excessivos" de impostos. Dentre estes se encontram bancos, empresas de telecomunicações, empresas de petróleo e diversas outras dos setores de energia e de indústrias pesadas.

PONTOS IMPORTANTES DO CAPÍTULO 6

1. O preço da China se baseia em muito mais do que mão-de-obra barata. Muitos outros países contam com mão-de-obra tão barata quanto, ou até mais barata do que a chinesa, mas não apresentam o mesmo desafio para os concorrentes.

2. Alguns elementos do preço da China são acessíveis a empresas estrangeiras, o que permitem que elas aumentem seu índice de competitividade. Mas, em setores como a indústria têxtil e de vestuário, a situação é tão favorável à China que será cada vez mais difícil competir.

3. As empresas ocidentais e as empresas chinesas não competem somente pelo domínio do mercado, mas também pelos elementos de recursos humanos fundamentais para o preço da China: mão-de-obra e talento no setor gerencial.

4. As empresas estrangeiras podem evitar altos gastos se localizarem sua equipe de gestão de operações na China. Mas isso deve ser feito com cuidado, com atenção particular ao desempenho da equipe local em questões de governança corporativa.

5. As questões de *compliance* impõem outro fardo às empresas estrangeiras, que se vêem obrigadas a gastar

enormes quantidades de dinheiro e dedicar tempo significativo à causa. As empresas chinesas não sofrem com nenhum desses fardos.

6. Mudanças iminentes no código de tributos corporativos podem garantir outra vantagem às empresas locais. As taxas estão prestes a ser unificadas, o que porá fim às vantagens das quais as empresas estrangeiras se aproveitaram durante boa parte do período de reforma chinesa. Os impostos diminuirão para a maioria das empresas chinesas e aumentarão para a maioria das estrangeiras.

Capítulo 7

Morando fora, aprendendo chinês

Além de todo o estresse de administrar um negócio, brigar por cotas de mercado e tentar lucrar, empresários que se mudam para a China terão de lidar com a pressão cotidiana de morar em um ambiente estranho e difícil.

Mas a vida na China hoje em dia é bem menos complicada para os estrangeiros. Confesso que dizer algo assim faz me sentir como meu pai, que nunca perdeu uma oportunidade para falar das dificuldades de sua infância durante a Depressão. Assim como acontecia nas histórias relatadas por ele, a verdade é que, para os ocidentais, a vida na China – mesmo em seus maiores centros urbanos – tinha antes muito mais privações do que hoje.

No final dos anos 1980 e princípio dos anos 1990, tudo – desde necessidades básicas até moradias adequadas e restaurantes decentes – era escasso. Portanto, o mesmo acontecia com os itens normalmente consumidos pelos ocidentais. Para compensar essa total falta de produtos, eu costumava viajar aos Estados Unidos com as malas vazias só para voltar carregado de coisas que não conseguia comprar em Pequim, aliás, como fazia a grande maioria dos moradores estrangeiros. Trazíamos café, lâmina de barbear, comidas preferidas, material de escritório, fraldas descartáveis para as crianças e outros tantos itens.

Para alguns estrangeiros, as privações faziam parte da aventura morar em um lugar exótico. Outros tinham muita dificuldade em lidar com elas e logo concluíam que a vida na China não era para eles. Hoje o acesso a alguns itens de conforto não é mais problema para residentes ocidentais das grandes cidades chinesas. Quase tudo está disponível, e, se você estiver com saudades de casa, há filiais da Pizza Hut ou do Starbucks por perto. Às vezes, no entanto, nem isso é suficiente. Um caso de que sempre me lembro é o da esposa de um executivo estrangeiro que deixou a China muito antes do marido: a gota d'água para ela teria sido o fato de o Big Mac de Pequim não ter o mesmo gosto que o de Toronto.

A vida na China pode produzir outros estresses e muitas pessoas não conseguem se adaptar. Para homens e mulheres de negócios, entre esses fatores estão freqüentes viagens, compromissos empresariais noturnos regulares e a dificuldade de trabalhar em um lugar em que as regras, as condições de mercado e quase tudo muda constantemente.

Para essas pessoas e suas famílias, fatores adicionais incluem da barreira da língua ao choque cultural, passando pelo intenso trânsito e a poluição que atormentam a maioria das cidades chinesas. Não é à toa que muitos governos e multinacionais ainda consideram a China como um "posto complicado" e oferecem bônus que variam entre 15% e 25% do salário para compensar os desafios de morar e viver nesse país.

Como vimos no capítulo 6, cargos estrangeiros impõem altos custos às empresas e se o seu negócio na China incluir vários empregados estrangeiros, você terá de pensar no custo de transferências que podem fracassar caso seus empregados ou a família deles simplesmente não conseguirem se adaptar.

UM CONTO DE DUAS CHINAS...

Sem dúvidas, mudar para a China é mais difícil para quem vai viver em lugares mais afastados. Ao longo dos anos, conheci muitos ocidentais – como um agrônomo suíço que trabalhava em uma plantação de café em um local remoto da Província Yunnan, e um executivo inglês que administrava uma instalação química na Província Sichuan –, pessoas que aprenderam da maneira mais difícil como a vida pode ser isolada e complicada nesses lugares.

A ausência de conforto material é, obviamente, um fator significativo, mas é apenas parte da situação. Estrangeiros em postos como esses geralmente são os únicos ocidentais em um raio de quilômetros e mesmo aqueles que falam o idioma sentem falta do simples prazer de ter alguém com quem conversar em sua própria língua.

Os que não falam chinês logo se descobrem exauridos pela constante e infindável luta para compreender e serem compreendidos. Para essas pessoas, um canal de tevê a cabo em inglês ou uma conexão pela internet pode ser a coisa mais importante do mundo – se forem afortunadas o suficiente para possuí-los – e um jornal ou uma revista em inglês são prazeres raros.

A pressão pode diminuir se esses estrangeiros trouxerem cônjuges ou familiares para viver com eles. Mas também pode ocorrer o contrário, caso esses familiares que os acompanham passem a sentir as mesmas dificuldades diárias, embora sem o mesmo propósito que os empregados encontram em seus trabalhos.

Enquanto a visão de um estrangeiro ainda atrai atenção e olhares curiosos em qualquer lugar da China, sua presença tornou-se comum a ponto de não mais parar o trânsito. Em lugares mais longínquos, no entanto, estrangeiros permanecem sendo uma raridade e, freqüentemente, descobrem-se alvo de olhares e julgamentos, às vezes desconfortáveis. Pode parecer pouco, mas com o passar do tempo isso se torna desgastante.

Postos remotos não são para qualquer um, e, independentemente de você estar se preparando para enviar um funcionário a um deles ou para se mudar você mesmo, é importantíssimo que todos os envolvidos embarquem conscientes do que vão encontrar. As chances de as transferências terem sucesso são maiores entre pessoas que já tiveram experiência em morar no exterior. Também é uma boa idéia garantir que a agenda deles ofereça oportunidades de folga. Viagens regulares – para casa ou para alguma grande cidade da China – podem ajudar a diminuir o estresse.

Paul Miller é um engenheiro britânico que trabalhou em minas e refinarias situadas em lugares bastante exóticos. Em 1999, começou a passar períodos prolongados na pequena cidade de Laizhou, na costa norte da Província de Shandong, trabalhando na construção de uma refinaria de ouro. Em 2005, quando o conheci, a instalação estava pronta e ativa, funcionando com sucesso, mas ele continuava a ser o único estrangeiro na região. Passou a se sentir como uma "atração de circo", disse-me. "Pela primeira vez na vida, eu soube o que era sofrer preconceito por causa da cor da minha pele."

Mesmo assim, conforme explicou, o local remoto tinha suas vantagens. Como único investidor ocidental na área, seu negócio recebeu atenção exclusiva das autoridads locais. Para aqueles oficiais, a refinaria era um projeto importante na região, e eles pareciam ansiosos para que Miller fosse bem-sucedido em seu empreendimento. Miller afirmou que ele e muitos colegas ocidentais que passavam um tempo lá acabavam sendo tratados como "figuras importantes".

A situação é bem diferente em centros industriais e comerciais da China. Ali, executivos estrangeiros podem desfrutar de infra-estrutura avançada disponível para moradores estrangeiros e também da companhia de colegas ocidentais, mas, ao mesmo tempo, competem com eles pela atenção e favores dos representantes locais.

A maioria dos estrangeiros que estão na China mora em Pequim ou em Xangai e, nessas enormes cidades modernas, a adaptação à nova vida tende a ser mais fácil. Geralmente, não é difícil encontrar pessoas que falam inglês. Boas condições de moradia, escolas, cuidados médicos e necessidades básicas são acessíveis. Embora em menor proporção, o mesmo se aplica a outras grandes cidades com altas concentrações de executivos estrangeiros, como Guangzhou, Shenzhen, Xiamen ou Tianjin. Aliás, alguns atrativos do estilo de vida dos expatriados – principalmente a ajuda doméstica de baixo custo – fazem com que as pessoas se preocupem muito com o término de suas missões no cargo que ocupam e na maneira como se reajustarão ao voltarem para casa.

APRENDENDO CHINÊS: É GREGO PARA VOCÊ? TALVEZ NÃO

Onde quer que você more ou trabalhe na China, uma das coisas mais importantes a se fazer para incrementar sua eficiência e experiência é o seguinte: aprenda ao menos um pouco de chinês básico. Exigirá menos esforço do que você provavelmente imagina, e isso lhe trará vastos e duradouros dividendos.

Exitem centenas de dialetos falados na China, alguns são muito próximos entre si, enquanto outros são bem distantes quanto, digamos, o inglês e o holandês. Como regra geral, quase todos os dialetos do norte da China são próximos entre si, enquanto os dialetos do sul são mais variados.

Na hora de decidir que dialeto estudar, a escolha é fácil. O mandarim, baseado no dialeto do norte de Pequim, é a língua oficial, e, à exceção das regiões mais remotas e de algumas minorias, é falado por quase todo mundo. Também é amplamente falado em Taiwan, Singapura e cada vez mais em Hong Kong, ilha que, em 1997, retornou à soberania chinesa.

No continente, o mandarim é utilizado em negócios oficiais, na difusão de notícias e no sistema educacional. Mesmo em regiões onde as pessoas falam outros dialetos, como o cantonense, o sichuanes ou o xangainês, o mandarim é a língua do discurso público. Os sotaques podem ser bastante carregados e de difícil compreensão nesses lugares, mas mandarim é o dialeto que chineses de diferentes regiões utilizam para falar entre si. É o que você precisa aprender.

Os estrangeiros há mais tempo na China – os poucos, bravos e firmes que de um jeito ou de outro ali chegaram no início dos anos 1980 ou até mesmo no final dos anos 1970 – orgulham-se de suas habilidades envolvendo a língua chinesa. Quase como veteranos do Exército, eles recordam de seus estudos da língua, que, na época, pareciam um castigo, mas que agora formam um rito de passagem comum que os conecta a outros compatriotas que moram por lá.

O grande fluxo de estrangeiros na China inclui pessoas mais jovens, que, por ter aprendido chinês antes de se mudarem, já chegam com algum conhecimento da língua. Mas muitos viajam mesmo sem qualquer conhecimento do idioma. Nos principais centros de estrangeiros, isso faz com que se torne mais fácil se virar sem aprender a língua. Sinais em inglês estão por todos os lados. Entre chineses, o inglês tem sido mais falado do que nunca, principalmente em escritórios de empresas estrangeiras, onde os expatriados geralmente trabalham, assim como entre pessoas que trabalham em complexos residenciais para estrangeiros, em hotéis e pontos de lazer. Em Pequim ou Xangai, é possível virar-se falando pouco ou nada de chinês. Infelizmente, milhares de estrangeiros fazem exatamente isso.

Essas pessoas, na verdade, estão deixando de aproveitar uma ótima oportunidade de viver no exterior. Pior ainda, estão se isolando de fontes vitais de informações. Seja no dia-a-dia profissional, na movimentação pela cidade, ou – talvez o mais importante de todos os aspectos – na compreensão do ambiente que se escolheu trabalhar. Qualquer nível de conhecimento da língua chinesa é sempre muito positivo.

Para qualquer estrangeiro que possui algum nível de competência na língua chinesa, seja lá qual for, as recompensas são substanciais. Chineses locais demonstrarão sincero reconhecimento por seu esforço. Enquanto isso, seus colegas estrangeiros que ainda precisam aprender a língua terão inveja de você (e outros estrangeiros que falam chinês secretamente farão comparações entre o seu nível de conhecimento e o deles).

Agora prepare-se para a grande surpresa. Estou prestes a compartilhar com você o principal segredo do jogo da China: aprender chinês não é tão difícil. Repita para si esta frase lentamente e registre-a: "Não é tão difícil aprender chinês".

É uma questão de orgulho nacional entre os chineses o fato da língua ser particularmente difícil de alguma forma, pensamento que é amplamente compartilhado pelos estrangeiros. E, a verdade seja dita, há um quê de razão nisso. A língua escrita – que depende de caracteres ideográficos e não de um alfabeto fonético – é de fato extremamente difícil. Aprender a ler ou escrever em chinês exige muito tempo e esforço, e não existem atalhos que facilitem a missão. A dificuldade em dominar milhares de caracteres chineses é o que faz de cursos formais do idioma verdadeiros acampamentos militares, e de seus professores, verdadeiros sargentos.

Mas a língua falada é outra história, porque, com raras exceções, a gramática chinesa é extremamente simples. Se você aprendeu espanhol ou francês no colégio, já sabe que, nesses idiomas, cada verbo tem muitas formas que se alteram de acordo com o sujeito, o tempo verbal, o feminino, o masculino e o número. Quem fala esses idiomas sabe que é preciso mudar pronomes e adjetivos de acordo com esses fatores.

Em línguas como russo, alemão ou grego, é preciso lutar com tudo isso e com a complicação adicional trazida por declinações de caso, que requerem a utilização de terminologias para substantivos e adjetivos, dependendo de como essas palavras atuam em uma frase (e, então, com as modificações dessas terminologias para número e gênero).

O chinês não tem nada disso! Cada verbo consiste de apenas uma ou duas sílabas e a forma nunca muda. Para expressar o passado, a mesma sílaba é acrescentada ao final dos verbos. Para expressar o futuro, outra sílaba é acrescentada antes.

Meu objetivo não é transmitir uma aula de gramática. E nem quero simplificar o aprendizado. A questão é que boa parte da gramática chinesa é menos complicada do que a de outras línguas que você provavelmente já estudou antes; logo, você não deve se sentir intimidado com a idéia de aprender chinês. Pode exigir menos esforço do que você imagina.

Apesar da gramática simples, existem, é claro, complicações. Para começar, os fonemas são absolutamente estranhos para quem fala línguas ocidentais, ou seja, não existem palavras foneticamente parecidas que possam ser reconhecidas. Então, diferentemente de um aluno de espanhol ou de alemão, você não reconhecerá uma palavra, por exemplo, como telefone, quando ouvi-la em chinês, porque não terá nenhum radical semelhante, não será parecida em nada.

A boa notícia, porém, é que o número geral de sons é limitado, pois as palavras chinesas são curtas, quase sempre compostas por apenas uma ou duas sílabas. Com um pouco de tempo e esforço, você pode se familiarizar com o sistema fonético.

A má notícia é que para diferenciar seu número relativamente pequeno de sons, os chineses alteram demais a entonação. Qualquer sílaba chinesa deve ser pronunciada entre quatro tons, e a mesma sílaba com diferentes tons pode significar coisas completamente diferentes. Isso pode ser assustador a princípio, pois tanto o conceito em si quanto os sons diferenciados do tom são bem estranhos para quem não fala línguas com essas entonações. Mas, após vencer a frustração inicial por não ser capaz de ouvir ou produzir os tons corretamente, a maioria das pessoas pega o jeito e nunca mais se preocupa com isso.

O resumo da ópera é o seguinte: com seu estranho sistema de sons e tons, aprender o chinês falado pode ser frustrante no início, mas só até que você o compreenda. Assim que essas dificuldades iniciais forem superadas, a simplicidade da gramática permitirá que você faça grandes progressos, só acrescentando novo vocabulário.

Se você for muito ambicioso, também pode se aventurar pelos caracteres escritos. Mas, nesse caso, deve estar preparado para uma experiência mais árdua. Aprender os caracteres, mesmo que você só adquira a capacidade de reconhecê-los passivamente em vez de aprender a escrevê-los, pode auxiliar bastante no aprendizado da língua falada. Mas se você preferir não ir tão longe, você não terá problemas para entender o pinyin, o sistema de transliteração lógico e direto para o chinês, que é fácil de aprender para quem fala inglês, além de ser utilizado por toda a China (e também neste livro).

Como você deve então iniciar sua odisséia de aprendizado da língua? Algumas pessoas, principalmente aquelas que já têm conhecimento de outras línguas, alcançam progressos por conta própria, dividindo seus esforços entre um bom livro didático e o tempo vivenciado na cidade, simplesmente praticando. A maioria dos chineses ficará satisfeita com qualquer tentativa que você fizer e será paciente com seus erros.

Para quem preferir uma abordagem mais formal, também não faltam opções. Muitas universidades chinesas oferecem programas de língua de todos os níveis para alunos estrangeiros, apesar de não serem baratos ou flexíveis. Infelizmente, se você estiver longe dos maiores centros de concentração de estrangeiros, essa pode ser a única opção.

Na maioria das grandes cidades existem diversas escolas especializadas em línguas. Os preços variam bastante, mas muitas delas oferecem cursos personalizados que se adequam às suas restrições de horários, nível e estilo de aprendizado. Dentre elas estão a Beijing Mandarin School (www.beijingmandarinschool.com), a Berlitz (www.berlitz.com.cn), a Bridge School (www.bridgeschoolchina.com), a Executive Mandarin (www.ecbeijing.com), a Frontiers (www.frontiers.com.cn), e a Hai Na Bai Wang Language Training Center (www.hnbw. cn). Algumas das maiores empresas estrangeiras oferecem cursos de chinês para seus funcionários.

Professores particulares também podem ser encontrados com certa facilidade por meio de indicação, quadros de aviso em lugares freqüentados por estrangeiros e anúncios em classificados nas várias publicações voltadas para estrangeiros. Os preços são razoáveis, podendo custar até 100 RMB (12 dólares) por hora para aulas particulares em sua própria casa ou escritório.

MORADIA

Se você tivesse vindo para a China há 20 anos, suas opções de moradia teriam sido deprimentes. Se você fosse um diplomata, teria de viver na sua embaixada ou em um dos complexos especialmente construídos (e extremamente protegidos) para diplomatas. Se você fosse um empresário, sua escolha estaria restrita a uma série de hotéis autorizados a aceitar estrangeiros. Conforme minha mulher Roberta e outros estrangeiros pioneiros na China podem atestar, morar durante anos em um quarto de hotel – com encanamento ruim, sem cozinha e pouca luz – requer muito esforço.

Hoje em dia, no entanto, as escolhas são bastante amplas. As regras variam de acordo com o lugar, mas em quase toda a China foram sendo amenizadas com o decorrer dos anos, até chegar ao ponto de os estrangeiros poderem comprar ou alugar o que quiserem, inclusive moradias em bairros chineses. Novos prédios são anunciados na internet o tempo todo, nos quais apartamentos simples, porém decentes, podem ser obtidos por apenas algumas centenas de dólares mensais. A esses preços, os apartamentos podem até ser mobiliados e possuir canais internacionais de televisão a cabo.

Para estrangeiros à serviço de grandes empresas, o contrato de trabalho geralmente inclui auxílio financeiro que permite viver em casas mais luxuosas. Nas maiores cidades da China, você pode escolher entre dezenas de condomínios espalhados pelos subúrbios, oferecidos justamente para atender à demanda estrangeira. Os maiores complexos, geralmente localizados próximos às escolas internacionais mais populares, consistem em centenas de casas alugadas por preços que variam de mil a 8 mil dólares por mês. Nesse nível, o acordo geralmente inclui garagem, quintal e acesso a piscina e academia.

A maioria dos estrangeiros que chegam à China enviados por empresas vive em locais como esses. É uma escolha delicada, pois cada um dos complexos é formado em parte por guetos, o que faz com que, de um lado, tenha-se conforto e conveniência, mas, de outro, segregação. Residentes podem contar com a presença de comunidades estrangeiras afins, mas isso pode fazer com que percam a oportunidade de se conectarem com a China real, que se encontra além dos portões do complexo.

Encontrando moradia

O constante fluxo de estrangeiros que chegam à China propicia grande crescimento do mercado imobiliário voltado para eles. Em um relatório de 2006, o consultor internacional de propriedade, Jones Lang LaSalle, previu pelo menos mais três anos de contínuo crescimento do luxuoso mercado de aluguel imobiliário. Cerca de 7.500 novas unidades de luxo foram disponibilizadas na internet em 2005, isso somente em Pequim. Crescimento semelhante é esperado nos próximos anos. O relatório atribuiu esse crescimento à demanda gerada tanto pelas Olimpíadas de 2008 em Pequim quanto pela contínua expansão das operações de multinacionais na China.

Essas empresas não só continuarão trazendo estrangeiros que precisam de moradia, como vêm trabalhando muito para concentrar e reter sua força de trabalho chinesa. Isso explica por que elas estão contratando mais funcionários locais, geralmente pessoas educadas no Ocidente, a quem pagam salários que lhes permite viver nessas mesmas propriedades. Além de manter o mercado forte, essa tendência ajuda a diminuir a segregação nos complexos.

Quando se trata de encontrar moradia adequada, empresas como a Jones Lang LeSalle desempenham papel crucial como agentes. Outras empresas desse tipo são a CB Richard Ellis, a Colliers International e a Joanna Real Estate. Normalmente, elas trabalham junto com seu empregador para encontrar lugares compatíveis com suas preferências e orçamento, apesar de muitas delas também trabalharem individualmente. Em alguns casos, porém, quando as empresas já possuem contratos de longo prazo com certas unidades de determinados complexos não há muita escolha para os empregados.

Apesar de serem uma minoria, alguns estrangeiros sabem que ficarão na China por tempo suficiente para optar por comprar um imóvel em vez de pagar aluguel. Se for bem-estruturado, um acordo como esse pode permitir que empregados apliquem seu auxílio-moradia na compra de sua casa própria. Sob as atuais regras, mais liberais, estrangeiros podem comprar casas em quase todo lugar. Eles também podem acessar hipotecas através de bancos chineses.

Mas esses acordos não são isentos de risco. Para começar, a lei chinesa proíbe a propriedade de terras, então, o que os compradores obtêm é, na verdade, o direito de uso de uma propriedade, direito esse que expira após 70 anos. A lei nem sempre é tão clara em relação ao que acontece com a propriedade no fim desse período. Se, por um lado, é improvável que todos os direitos sobre a propriedade sejam revogados; por outro, há certa incerteza quanto ao que seria necessário para que fossem renovados.

Outro perigo vem da natureza do setor imobiliário chinês. Alguns dos maiores escândalos da China nos últimos anos envolviam construtores inescrupulosos, que vendiam propriedades sobre as quais não tinham total direito. Qualquer um que contemple uma aquisição imobiliária na China deve avaliar cautelosamente, buscar auxílio legal local para verificar a validade da alegação de propriedade dos construtores.

DIRIGINDO NA CHINA

Dentre as primeiras perguntas feitas por quem me visita na China, está a dúvida se eu dirijo ou não – e ao serem informados que sim, perguntam como eu agüento. De certa forma, eu tenho sorte, pois o trânsito ensandecedor que se vê hoje em dia não era tão ruim quando comecei a dirigir, em 1989. O que aconteceu foi que ele cresceu gradualmente à minha volta, permitindo que eu me adaptasse. Mas qualquer um que chega à China hoje e pensa em começar a dirigir por aqui deve se prepapar para uma experiência exasperadora.

Você já leu no primeiro capítulo deste livro sobre como a "cultura automobilística" transformou tanto a paisagem quanto a economia da China. Logo que cheguei, viam-se bicicletas por todos os lados e carros particulares eram uma exclusividade de moradores estrangeiros. Oficiais chineses de determinadas classes também tinham carros à disposição, mas nunca os dirigiam. Eles possuíam motoristas que faziam isso por eles, e, praticamente todos os que dirigiam naquela época o faziam profissionalmente.

Havia cidades em que dirigir era um desafio, por causa do elevado número de bicicletas e pedestres, mas também por causa dos caminhões, carroças e ônibus. O principal perigo vinha dos pedestres, pessoas que, por nunca terem dirigido um carro na vida, não tinham a menor idéia de quanto tempo e espaço um carro precisa para frear completamente. Mesmo assim, era fácil se inserir no fluxo.

A palavra trânsito, no entanto, não era conhecida, e estacionar não representava qualquer problema. Era ótimo dirigir por uma das principais capitais mundiais sem se preocupar com o trânsito da hora do *rush* ou com ter de pagar para estacionar.

As coisas começaram a mudar em meados da década de 1990, quando surgiram novos fluxos de carros e novos motoristas. O ritmo só cresceu com o aumento dos carros nas ruas de Pequim, número que dobrou nos últimos cinco anos, passando a marca de 3 milhões. Esse índice deve aumentar em 40% em 2008.

Hoje as ruas de Pequim me lembram o estacionamento de uma escola americana: cheias de novos motoristas com carros recém-comprados, todos entusiasmados e ansiosos por exibir seu novo símbolo de status, embora motoristas extremamente inexperientes.

Também são bastante deficientes em termos de cortesia. As regras de trânsito chinesas parecem imitar o que acontece nas filas de bilheterias das estações de trem: apertar, aproveitar todo o espaço e jamais ceder um centímetro sequer. Leis, luzes e marcadores no chão – sem falar nas regras básicas do bom senso – são simplesmente sugestões. Se não houver barreiras físicas (ou policiais encarregados de aplicar multas), motoristas chineses farão o que bem entenderem. É muito comum ver motoristas desrespeitando regras, andando na contramão em rampas de entrada e de saída.

Só quando retorno à relativa sanidade do trânsito dos Estados Unidos (mesmo em ambientes caóticos como Boston, Manhattan ou o sul da Flórida), é que vejo como as coisas realmente são na China. Congestionamento e grosserias certamente são comuns nos Estados Unidos. A diferença na China, porém, é a imprevisibilidade com que as coisas acontecem. Carros podem vir em sua direção de qualquer lugar, a qualquer momento. Ou podem simplesmente parar. Freqüentemente, motoristas chineses (cujas noções de navegação não costumam ser melhores que as de direção) param no meio de uma estrada de três pistas para ler placas, consultar mapas e pensar sobre que rumo seguir. E as pessoas geralmente não se preocupam em utilizar o pisca-alerta, como se oferecer dicas sobre o próximo passo fosse desnecessário. E ninguém parece perceber que o tráfego mais lento deve se concentrar em uma única pista. Em vez disso, a maioria dos motoristas parece escolher as pistas sem critério.

Os pedestres não são muito melhores, e, de certa forma, é difícil culpá-los por isso. As ruas são marcadas por faixas, mas os motoristas não têm obrigação de parar (aliás, você causará enorme surpresa se parar). Há muito tempo já deixei de dar preferên-

§ 225 §

cia a pedestres, pois eles "congelam", aparentemente incrédulos com o fato de que você vá de fato deixá-los passar. Intercessões municipais permitem que se vire à direita no sinal vermelho; os motoristas não precisam parar, e, na verdade, se alguém parar vai receber uma sonora buzinada. Então, mesmo quando têm a preferência, os pedestres enfrentam grandes dificuldades para atravessar as ruas, e, para compensar, sentem-se completamente livres para cruzar com o sinal fechado se acharem que dá tempo.

Outro desafio é a ausência de sinalização das ruas. Assim como os motoristas da cidade, os engenheiros de estrada e planejadores urbanos ainda estão aprendendo na medida em que executam seu trabalho. Em ruas da cidade, assim como em estradas intermunicipais, faltam planejamento e marcação. Esse também é um fato que percebo com mais clareza quando retorno aos Estados Unidos e vejo como as estradas e os sinais são programados para facilitar o fluxo do trânsito.

A qualidade vem melhorando a cada nova pista construída. Profissionais responsáveis pelo planejamento fazem experimentações para corrigir as intercessões existentes que não funcionam bem. Pistas de curvas separadas e melhor sequenciamento de sinais de trânsito estão sendo introduzidos, mas acompanhar o crescente número de veículos continua sendo um desafio (e eu continuo esperando que alguém do governo da cidade de Pequim perceba que varredores de rua trabalhando na hora do rush trazem mais problemas do que benefícios).

Com tudo isso, não é surpresa nenhuma que acidentes sejam comuns. Atualmente, a China registra cerca de 100 mil acidentes fatais de trânsito por ano e esse índice vem crescendo 10% ao ano, de acordo com a Organização Mundial de Saúde. Esses números não diminuem porque as pessoas não utilizam cintos de segurança e deixam crianças sentarem em seus colos, no banco da frente, também sem cinto.

A boa notícia é que nas cidades congestionadas, onde é provável que você dirija mais, o tráfego é tão lento que as colisões dificilmente são sérias. A má notícia é que os motoristas envolvidos em qualquer acidente, até os de menores proporções, devem sair de seus carros e esperar a chegada da polícia, o que acaba por piorar o trânsito, dada a alta freqüência das batidas. Meu trajeto para o trabalho é de 12 quilômetros, mas geralmente demoro de 30 a 40 minutos e raramente deixo de ver uma confusão por causa de algum acidente insignificante.

Infelizmente, seus problemas não acabam quando você chega ao seu destino. Estacionar também se tornou um problema sério. Os novos prédios agora estão sendo construídos com estacionamento no subsolo, mas os prédios antigos foram construídos em uma época que ninguém se preocupava com carros ou vagas.

Não é surpresa, portanto, que a economia de mercado inaugurada na China tenha feito a escassez de vagas elevar seus preços. Para alguém que vem de alguma grande cidade americana, os valores podem parecer baixos, mas são significativamente altos para os padrões chineses. Alugar uma vaga exclusiva em um escritório ou em um prédio pode custar cerca de 400 iuanes (50 dólares) por mês. Taxas por hora para estacionar na rua variam de dois a cinco iuanes (25 a 60 centavos de dólar). Taxas em estacionamentos superlotados de hotéis às vezes chegam a custar dez iuanes (1,25 dólar) por hora.

Somando tudo – a falta de habilidade e a grosseria dos motoristas, o planejamento deficiente e o crescente volume de automóveis –, o resultado é um trânsito caótico que se estende por horas na maioria das cidades. Esse estado geral certamente não é único entre as grandes cidades mundiais, mas é um indicador do quanto as coisa mudaram nos últimos 10 ou 15 anos, e, certamente, representa um grave problema para a qualidade de vida de quem contempla a possibilidade de se mudar para a China.

Se, apesar disso tudo, você ainda pretende se unir ao barulho, terá de obter uma carteira de motorista local. Aqueles que viajam com visto de turista ou visitante não podem dirigir, mas, assim que obtiverem o visto de trabalho e permissão para morar no país, tornam-se candidatos a tirar a carteira de habilitação chinesa.

Ainda a esse respeito, eu mais uma vez tive sorte por chegar à China em uma época em que as únicas exigências eram a permissão de moradia, uma carteira de motorista válida em meu país e um simples exame de vista e de audição. As regras variam de acordo com os lugares, mas, na maioria das cidades, os motoristas estrangeiros precisam passar em um exame escrito (em inglês) e um prático, aplicado em um curso fechado.

Se, por outro lado, o drama e a frustração de dirigir nesse ambiente forem demais para você, existem alternativas. Transportes públicos têm melhorado na maioria das cidades grandes e podem ser uma opção para aqueles que não se incomodam com multidões (e que têm um conhecimento suficiente da China para não se perder). Uma opção ainda melhor é tomar táxi, que são numerosos e têm preços razoáveis. Mesmo assim, não resolvem os problemas do tráfego intenso. A maioria dos taxistas apaga o cigarro e diminui o volume do rádio com toda a boa vontade se você pedir, mas não executam nenhum heroísmo para garantir que você chegue a tempo a seus compromissos. Aliás, eles estão entre os motoristas mais conservadores, já que não podem correr riscos acumulando pontos na carteira por infrações.

A melhor solução é um motorista particular. Muitas empresas oferecem essa regalia a funcionários seniores estrangeiros, e é menos caro do que você possa imaginar. Dependendo do veículo, o custo deve variar entre 600 e mil dólares por mês. Muitos executivos consideram um dinheiro bem gasto, já que permite que fiquem sentados no banco de trás fazendo bom proveito de um tempo que de outra maneira perderiam em virtude do trânsito e da procura por vagas. Além disso, um bom motorista também pode atuar como um valioso assistente, cuidando de tarefas como ir ao banco. Assim como empregadas domésticas, motoristas particulares também fazem falta quando as pessoas deixam a China.

POLUIÇÃO

Outra conseqüência do *boom* automobilístico da China é o agravamento da poluição do ar na maioria das cidades. As coisas já eram ruins antes da chegada dos carros, graças à mistura de gases poluentes produzidos por indústrias mal regulamentadas e pelo uso generalizado de fornos a carvão para aquecer e cozinhar.

Com o acréscimo das emissões de gases da crescente frota de veículos da China, a qualidade nociva do ar só piora. De acordo com um estudo feito pelo Banco Mundial sobre a qualidade global do ar, 16 das 20 cidades mais poluídas do mundo estão na China. A Administração Estatal de Proteção Ambiental (SEPA) do país relatou que 400 de 661 cidades chinesas constantemente falham no atendimento aos padrões mínimos de qualidade do ar. Se você quiser verificar os fatos, a SEPA mantém um site atualizado a respeito das condições de qualidade do ar em mais de 80 cidades chinesas (http://english.mep.gov.cn/).

Especialistas ocidentais têm dúvidas em relação aos padrões e à metodologia utilizada nas medidas da SEPA. Mas se você verificar o site com freqüência, verá que Pequim sempre está entre as piores, fato com o qual os especialistas ocidentais tendem a concordar. Em relatório de 2005, a Agência Espacial Européia determinou que o ar em Pequim e nas suas províncias vizinhas tem a maior concentração de dióxido de nitrogênio do mundo. Pequim luta para melhorar a qualidade do ar, mas até agora os resultados têm sido frustrantes.

De todos os problemas envolvendo a qualidade de vida na China, esse pode ser o mais complicado. É penoso para o dia-a-dia. Ar pesado, nevoeiro, tempestades de areia, olhos e garganta irritados são parte da vida cotidiana. As escolas freqüentemente têm de manter as crianças em áreas fechadas e cancelar eventos esportivos quando o ar está particularmente ruim. E você pode se sentir frustrado ao perceber que não vê o sol ou o azul do céu há várias semanas.

Pior ainda é contemplar os efeitos a longo prazo. Pesquisadores chineses culpam a poluição do ar pelas 400 mil mortes prematuras anuais. Além da qualidade do ar, existem outros males ambientais. Cerca de 70% dos rios e lagos chineses estão poluídos, tornando a opção por água mineral engarrafada uma sábia escolha em qualquer lugar do país. Ao menos um terço do país sofre regularmente com as chuvas ácidas. Pesticidas e outros produtos químicos agrícolas são usados em excesso, sem que existam leis restritivas específicas.

Apesar do crescente reconhecimento do governo sobre a seriedade do problema, a China terá muitas dificuldades para efetivar mudanças. O país já é a segunda maior fonte mundial de emissões de gases que provocam o efeito estufa, e a perspectiva é de que eventualmente ultrapasse os Estados Unidos, que encabeçam a lista. Um representante ambiental chinês alertou, em 2005, para o fato de que o nível nacional de poluição provavelmente irá quadruplicar em 15 anos se a China mantiver seus atuais índices de consumo de energia e o mesmo incremento de sua frota de veículos.

Enquanto escrevo, durante um dos "dias de ar ruim", mal consigo imaginar como ainda é possível que mais sujeira se espalhe pelo ar. Mas a maioria dos residentes, tanto estrangeiros quanto nativos, aprende a conviver com esse problema e a torcer pelo melhor. Algumas pessoas ficam desapontadas ao chegarem à China e descobrirem que sua corrida matinal faz mais mal do que bem. Em casas e escritórios, a maioria das pessoas utiliza purificadores de ar (apesar de a troca de filtros ser um exercício e tanto).

Qualquer pessoa que estiver em vias de mudar para uma grande cidade chinesa deve considerar esse problema. Ainda mais se você ou alguém da sua família sofrer de asma ou outros problemas respiratórios.

CUIDADOS MÉDICOS

Seja ou não a poluição do ar o fator responsável por seus problemas de saúde, o acesso a cuidados médicos deve ser muito bem considerado quando se pensa em mudar para a China. Mais uma vez, o local em que você vai se estabelecer faz toda a diferença. Se você precisar de cuidados médicos em qualquer área rural, provavelmente vai passar por uma experiência angustiante. Médicos, dinheiro e instalações são muito precários na área rural chinesa, não existem garantias de que você obtenha o que precisa. Vale a pena, portanto, lembrar a viajantes frágeis, a idosos ou a pessoas que sofram de doenças crônicas que a área rural da China pode ser um lugar arriscado para se viver durante muito tempo.

Tudo é melhor nas cidades de porte médio ou grandes. Nelas você pode ter a garantia de encontrar hospitais adequadamente equipados, além de profissionais competentes educados e treinados no Ocidente. Infelizmente, também pode encontrar um ambiente superlotado e muito sujo. E ainda pode não encontrar funcionário que fale inglês. Se você procurar atendimento médico em lugares como esses, terá de agüentar uma série de frustrações, principalmente se não falar chinês, além de poder ficar indignado com os padrões de higiene. Na condição de "cliente estrangeiro", porém, você receberá o tratamento especial que o hospital puder oferecer, inclusive quarto individual, se possível, e acesso aos melhores médicos. No fim das contas, você tem boas chances de receber tratamento adequado.

Somente nas maiores cidade você terá facilidade para encontrar cuidados médicos de alta qualidade em um ambiente limpo e confortável. A maioria dos hospitais de elite traz alas especializadas que atendem a estrangeiros (e altos profissionais). Seus médicos são os melhores do país, muitos dos quais estudaram e praticaram medicina no Ocidente. A língua inglesa é amplamente falada, o equipamento é de última geração e a higiene é geralmente tolerável. Apenas certifique-se de levar dinheiro, pois provavelmente não aceitarão cartões de crédito e nem plano de saúde.

Nas maiores cidades você também pode escolher entre uma ampla variedade de clínicas e de hospitais estrangeiros. A maioria deles tem pelo menos alguns médicos ocidentais e os melhores são administrados segundo os mais altos padrões do Ocidente. Muitos oferecem tratamentos emergenciais a pacientes não-internados, serviços pediátricos e cuidados pré-natais. Também podem ajudar na transferência para hospitais mais equipados, em casos mais graves; ou providenciar transferências médicas para fora do país. Outros provedores internacionais oferecem serviços mais completos a pacientes internados, incluindo cirurgias, obstetrícia e tratamento intensivo. Os preços são altos nesses lugares, mas muitos aceitam seu plano de saúde. Ao contrário dos hospitais locais, também aceitam cartões de crédito.

Em Pequim e Xangai, os serviços mais completos são oferecidos nas instalações do United Family Hospitals (eu devo repetir que essas instalações são construídas e operadas pela Chindex International, a empresa dirigida por minha mulher. Apesar de minha preferência por essa empresa, de fato acredito que os padrões e serviços em questão são de primeira qualidade – acho preferível esclarecer essa questão, para evitar qualquer tipo de conflito de interesses). Localizações e informações de contato estão disponíveis em www.unitedfamilyhospitals.com.

Outras boas opções em Pequim incluem o Bayley & Jackson Medical Center (www.bjhealthcare.com); o International Medical Center (www.imcclinics.com); e a Hong Kong International Medical Clinic, Beijing (www.hkclinic.com/en/index.asp).

A International SOS (www.internationalsos.com) gerencia clínicas em Pequim, assim como em Tianjin, Nanjing e outras cidades chinesas. Outro provedor que cobre grandes cidades é o Global Doctor (www.eglobaldoctor.com). Dentre os grandes hospitais chineses de Pequim que atendem estrangeiros estão o Peking Union Medical College Hospital e o Sino-Japanese Friendship Hospital.

Em Xangai, as opções incluem o World Link Medical & Dental Centers (www.worldlink-shanghai.com); o Shanghai East International Medical Center (www.seimc.com.cn); e o Hospital local HuaShan Hospital.

ESCOLAS

O tipo "certo" de escola é um assunto muito pessoal e subjetivo. A exemplo do que fariam em qualquer outro lugar do mundo, os pais precisam pensar muito a respeito do ambiente e do estilo de aprendizado que consideram mais adequados para seus filhos. Felizmente, as principais cidades chinesas oferecem um amplo leque de escolhas.

Assim como aconteceu com o setor de moradia, os últimos anos testemunharam uma verdadeira explosão no número de escolas à disposição das famílias estrangeiras para a educação dos filhos. Elas variam entre colégios chineses locais – que agora têm autorização para matricular alunos estrangeiros – e grandes escolas só para alunos estrangeiros que educam os filhos de diplomatas, jornalistas e funcionários de multinacionais. Uma boa opção de escola é um dos elementos cruciais para ter sucesso em um posto de trabalho na China, mas essa escolha deve ser feita após uma análise cuidadosa.

Algumas delas recebem alunos de nacionalidades específicas, embora também aceitem alunos de outros lugares. Em Pequim, há escolas russas, francesas, suecas, japonesas e paquistanesas dirigidas pelas respectivas embaixadas ou pelas comunidades de estrangeiros desses países. Outras escolas são diversificadas, oferecendo uma mescla de professores e alunos de todo o mundo. Em termos de instalações, elas variam do simples ao sofisticado. A maioria conta com professores qualificados e comprometidos, mas algumas das menores e mais recentes ainda precisam provar sua qualidade e confiabilidade.

As melhores, no entanto, são extremamente caras, impondo tremendo fardo às empresas que cobrem os custos educacionais dos filhos de seus funcionários, além de um verdadeiro desafio a quem tem de assumir pessoalmente esses gastos.

A mais antiga escola ocidental da China é a International School of Beijing (ISB), onde as taxas anuais variam de 16.500 dólares para o pré-escolar a 21.300 dólares para o ensino médio. Tem 1.800 alunos e está instalada em um enorme prédio luxuoso na parte nordeste de Pequim, próxima à maior concentração de moradores estrangeiros. As aulas são ministradas em inglês e os professores são oriundos dos diversos países de língua inglesa do mundo, incluindo não só os Estados Unidos, mas também o Canadá, a Austrália, a Nova Zelândia, a Irlanda e a Inglaterra.

O corpo discente é ainda mais diverso, com alunos de mais de 50 países. Americanos e europeus são bem representados e o contingente de sul-coreanos vem crescendo rapidamente. O currículo é baseado nos padrões americanos; alunos formados por essa escola geralmente são aceitos nas melhores universidades do mundo. A ISB e outras grandes escolas internacionais oferecem programas de ensino do chinês como segunda língua.

Mediante amplas oportunidades de imersão na cultura chinesa, proporcionadas pela residência no país e pela capacidade natural que as crianças têm de absorver novas línguas, muitas delas, filhos de estrangeiros, atingem níveis impressionantes de fluência em chinês. Esse é um dos grandes benefícios que qualquer família estrangeira morando na China pode ter, considerando-se o fato de que o país vai continuar adquirindo importância no futuro, o que faz muitas famílias se esforçarem para manter e reforçar essas habilidades em seus filhos, principalmente depois que voltam para seus países de origem.

Algumas famílias vão além ao colocar os filhos em escolas chinesas. Porém, é uma decisão a ser avaliada com cuidado. Uma das vantagens é o custo. Logo, para famílias que arcam com as próprias despesas, essa pode ser a única opção palpável, já que as taxas dessas escolas chegam a ser muito baixas, custando até 750 dólares por ano.

Mas as vantagens do baixo custo têm de ser avaliadas e pesadas em relação às dificuldades que as crianças recém-chegadas experimentam nos estágios iniciais. Apesar de a maioria delas, principalmente as mais jovens, aprenderem a língua chinesa com facilidade, muitas sofrem no começo, e os pais precisam pensar com cuidado se seus filhos irão se fortalecer ou sucumbir diante desse desafio.

Outra consideração é a qualidade geral da educação. É fácil compensar a abordagem tendenciosa de algumas matérias, como história e estudos sociais, algo comum no currículo escolar chinês. O sistema educacional da China valoriza a automatização do ensino, a disciplina e a conformidade. Pouca atenção é dada ao estímulo da criatividade, da individualidade e da liberdade de pensamento – logo, as crianças ocidentais que saem de escolas chinesas podem se tornar mal preparadas para ingressar no ambiente acadêmico ocidental, onde as prioridades são inversas.

Para crianças estrangeiras que só pretendem passar um ano ou dois na China, escolas locais podem representar uma opção válida, estimulante e que verdadeiramente enriquece a experiência geral em relação ao país e à cultura. Mas para crianças que esperam receber boa parte de sua educação na China antes de voltar para a faculdade em seus países de origem, escolas locais podem não representar uma escolha sábia, deixando-as mal preparadas.

As famílias também devem pensar cuidadosamente antes de se mudarem para a China se tiverem filhos com necessidades especiais de aprendizagem. Mesmo nas melhores escolas, recursos e orientação especiais são extremamente escassos. Crianças com problemas emocionais ou de desenvolvimento simplesmente não podem contar com o suporte extra de que necessitam para se desenvolverem. Os departamentos de admissão dessas escolas são muito francos quanto às suas carências nessa área, e geralmente fazem um bom trabalho ao serem honestos em reconhecer seus limites em relação ao que podem realmente oferecer.

Informações a respeito de algumas das maiores escolas estrangeiras de Pequim podem ser encontradas no site www.beijing.alloexpat.com. Para uma lista das boas escolas de Xangai, visite www.easyexpat.com.

CRIMINALIDADE E SEGURANÇA

Outro mito que a China costumava cultivar (no qual muitos estrangeiros acreditavam) era o da criminalidade quase nula durante o auge do socialismo. Eu sempre achei difícil de sustentar essa idéia, considerando o fato de que praticamente todos os prédios – inclusive os mais antigos, construídos durante aquela época – possuem grades de ferro em todas as janelas do térreo. Obviamente, muitas pessoas se preocupavam em manter bandidos afastados.

Hoje não há dúvidas de que a China, como qualquer outro lugar no mundo, tem um considerável índice de criminalidade, especialmente nos anos mais recentes, quando as reformas e o rápido crescimento criaram novos e impressionantes níveis de riqueza, mas também grandes disparidades. A proximidade entre os que têm e os que não têm, somada às expectativas geradas pela nova cultura do consumo, inevitavelmente levou a um aumento da criminalidade.

Uma vez que os estrangeiros são geralmente mais ricos do que a média dos chineses, eles se tornam alvos em potencial. Mas, ao mesmo tempo, eles usufruem de certo grau de isolamento. Ladrões locais sabem bem que o julgamento de qualquer crime envolvendo vítimas estrangeiras traz certa complexidade e severidade, o que leva muitos deles a preferir evitar riscos adicionais.

Mesmo assim, não é seguro dizer, como já foi dito um dia, que não existem crimes contra estrangeiros. Furtos são ameaças constantes e assaltos não são raros. Incidentes isolados de crimes sexuais envolvendo vítimas estrangeiras foram denunciados nos últimos anos, assim como assassinatos.

A maioria dos condomínios de estrangeiros apresenta segurança, com circuito interno de câmeras, guardas que patrulham a área e acesso controlado nos portões. Mesmo nesses lugares, no entanto, a segurança não é impecável. A família de quatro pessoas de um executivo alemão do setor automobilístico foi violentamente assassinada a facadas em sua casa, na cidade de Nanjing, em 2000, e, em 2006, a mulher de um empresário americano foi esfaqueada até a morte dentro de casa, em um dos condomínios para estrangeiros de Pequim. Eventos como esses mostram que as mesmas precauções de quem mora em qualquer cidade grande devem ser tomadas também na China. No entanto, incidentes como esses são raros, e, em geral, a criminalidade não é uma grande preocupação. Além disso, como a posse de armas de fogo não é comum no país, a incidência de crimes envolvendo esse tipo de arma é extremamente baixa.

Além da criminalidade, estrangeiros na China devem tomar cuidado e evitar passar perto de multidões irritadiças. Qualquer tipo de alteração reúne multidões. E se um dos envolvidos for estrangeiro, a multidão logo se envolve e a situação pode complicar. Seja por causa de um pequeno acidente automobilístico ou uma leve ofensa, essas situações podem ser perigosas. O melhor a fazer é manter a calma, sorrir, e, se possível, continuar andando.

Eventos políticos também podem inspirar comportamentos violentos na China. Geralmente, os alvos são japoneses, de quem os chineses não gostam muito desde a Segunda Guerra Mundial. Em agosto de 2004, terríveis tumultos aconteceram após a derrota da China para o Japão, na final da Copa da Ásia, em Pequim. No ano seguinte, em outra explosão de raiva, multidões enfurecidas em Pequim e Xangai quebraram janelas de escritórios japoneses, apedrejaram a embaixada do Japão e atearam fogo em carros nipônicos.

Americanos também já foram alvo, principalmente na primavera de 1999, quando, durante a guerra na então Iugoslávia, forças norte-americanas bombardearam a embaixada chinesa em Belgrado e mataram três chineses. Durante os quatro dias que se seguiram, milhares de chineses enfurecidos protestaram no quarteirão diplomático de Pequim, agredindo americanos nas ruas e vandalizando a embaixada americana com tijolos, lixo, pedras e bombas de tinta. Eu já vivia em Pequim havia dez anos e nunca tinha visto um sentimento anti-americano tão próximo e tão prestes a explodir. Não recorri à tática adotada por outros americanos na época – a de alegar ser canadense. Ao mesmo tempo, nunca esqueci do potencial que essas situações têm de se complicarem.

COMPRAS

O entusiasmo com que o mundo importa bens da China justifica o fato de o país ser um verdadeiro paraíso para compras. De roupas a aparelhos eletrônicos, e todo o resto, lojas locais têm estoques abundantes de bens de consumo a preços razoáveis.

No capítulo 4, você leu sobre as reformas no setor de moradia que, entre outros incrementos, agitou a economia no setor de utensílios domésticos. Se você for morar na China, pode se considerar um sortudo porque poderá se beneficiar dessas reformas. Lojas de móveis e de utensílios domésticos são encontradas por toda parte, oferecendo mobília em estilo ocidental ou em tradicional estilo chinês com preços variados, assim como assoalhos, tecidos e outros materiais.

Quem gosta de antiguidades sempre terá novos mercados de pulga para visitar e "caçadores" de roupas podem comprar itens de seda ou *cashmere* a preços excelentes em qualquer uma das inúmeras lojas espalhadas por toda a China. Costureiras e alfaiates especializados também estão disponíveis a baixos custos, o que significa que fazer roupas sob encomenda é uma opção bastante razoável.

No comércio de rua é necessário negociar, já que os vendedores geralmente pedem preços altíssimos na expectativa de que você aceite. O melhor é fazer a primeira contra-oferta, oferecendo um terço do que estiverem pedindo, para, em seguida, negociar até atingir a metade do preço originalmente estipulado. Se pagar mais do que isso, é porque desistiu rápido demais.

Negociações não são muito bem aceitas em lojas maiores, mas não há problema nenhum em perguntar se há algum desconto disponível. A resposta pode ser positiva ou negativa.

Muitos estrangeiros na China covivem com o dilema ético de ceder ou não às tentações da grande oferta de produtos falsificados, conforme assunto tratado no capítulo 2. Não existe qualquer ironia no fato de muitos estrangeiros – que justamente trabalham em empresas que lutam para a China melhorar as condições de proteção aos direitos de propriedade intelectual – passarem seus finais de semanas procurando por DVDs piratas, Nikes e casacos North Face falsificados.

Quando se trata de comprar algo para o dia-a-dia, redes de supermercados locais, na maioria das cidades, oferecem grande variedade de produtos alimentícios e um volume crescente de produtos importados industrializados. Isso representa uma grande melhora em relação aos meus primeiros dias na China, quando só havia leite fresco durante alguns dias da semana e em quantidade limitada no único mercado estatal para estrangeiros do distrito diplomático.

Para maior opção de marcas e de produtos conhecidos, estrangeiros das grandes cidades chinesas procuram por mercearias especializadas, abertas por empresários locais que recentemente descobriram do que os ocidentais gostam e assim passaram a importar esses itens. A seleção de produtos disponível nesses estabelecimentos é suficiente para fazer você se sentir culpado em aceitar o bônus pago por seus empregadores pela dificuldade em se morar na China (se bem que os preços, que variam de uma vez e meia a duas vezes acima do preço que você pagaria em casa, ajuda a superar uma possível culpa). Ali você encontra queijos europeus, temperos variados e cervejas belgas. Marcas familiares de cereais, molhos e comidas prontas estão nas prateleiras, e os congelados aos poucos marcam presença nos freezeres. Se você estiver com vontade de tomar um Snapple ou uma sopa Campbell's, ou se quiser comer tacos, provavelmente os encontrará, ao menos em Pequim e Xangai.

A opção de itens destinados aos cuidados pessoais, porém, é mais limitada. Desodorantes, pastas de dente, xampus e fraldas descartáveis podem ser encontrados, mas não necessariamente a sua marca favorita. Muitos estrangeiros com preferências e necessidades específicas ainda acham importante fazer estoque desses produtos cada vez que vão a seus países.

Caso você não encontre o que procura de jeito nenhum, o último recurso é comprar pela internet, mas pode ser arriscado, dependendo da alfândega chinesa. Muitas lojas virtuais, como a Amazon.com, fazem entregas na China, e, freqüentemente, a alfândega autoriza a entrada de pacotes sem grandes formalidades. Às vezes, no entanto, decidem inspecionar e podem cobrar taxas de importações, ou, no caso de livros ou outros materiais que considerem inadequados, podem simplesmente confiscá-los.

PONTOS IMPORTANTES DO CAPÍTULO 7

1. Morar na China envolve uma série de dificuldades e privações, principalmente para estrangeiros que se estabelecerem fora das principais cidades. É menos estressante do que já foi no passado, mas, mesmo assim, não é todo mundo que agüenta. Todos os envolvidos – empregadores, empregados e familiares – devem estar a par da magnitude desse desafio.

2. O segredo foi revelado! O chinês falado não é difícil de aprender. O conforto e a familiarização com os estranhos fonemas e o aprendizado envolvendo os diferentes usos dos tons podem demorar. Mas, assim que esses desafios iniciais são superados, você descobre que a gramática é simples, o que permitirá que faça rápidos progressos. Aprender a falar chinês incrementará sua convivência local em todos os sentidos, principalmente em relação ao trabalho. O esforço é válido.

3. Opções de moradia na China são muito mais amplas hoje em dia, incluindo apartamentos baratos a casas luxuosas em condomínios para estrangeiros, onde conforto e conveniência, por outro lado, terminam por isolar seus moradores da "verdadeira China". Hoje é possível comprar um imóvel no país, o que pode ser uma boa opção para quem for passar mais tempo por lá.

4. Moradores estrangeiros podem dirigir na China. A experiência, no entanto, pode ser estressante, não é para qual-

quer um. Estradas ruins, má sinalização, trânsito excessivo, e, acima de tudo, péssimos motoristas locais fazem de cada viagem uma aventura. Seu tempo pode ser mais bem aproveitado se você optar por ficar sentado no banco de trás de um veículo com seu laptop e celular em mãos enquanto seu motorista particular enfrenta o trânsito.

5. A poluição é muito severa na maioria das cidades chinesas. O ar de Pequim é particularmente ruim; a poluição é um sério problema que prejudica a qualidade de vida em praticamente todas as cidades do país. Pessoas com asma ou outros problemas respiratórios terão sérias dificuldades para viver na China.

6. Cuidados médicos adequados podem ser encontrados na maioria das cidades chinesas, apesar da alta demanda e dos padrões de higiene serem desestimulantes. Seguradoras e planos de saúde estrangeiros, assim como grandes hospitais chineses, oferecem excelentes serviços médicos nas principais cidades. Há planos que cobrem custos na China, mas é importante verificar tudo antes de viajar. Serviços médicos em áreas rurais são escassos, um alerta para pessoas com problemas crônicos de saúde, que não devem se arriscar a longas temporadas em áreas rurais.

7. Existem escolas de diversos tipos na China, desde excelentes escolas internacionais que custam mais de 20 mil dólares por ano até instituições chinesas que custam pou-

quíssimo, até 750 dólares por ano. Algumas crianças superam os desafios de estudar em uma escola chinesa, outras sucumbem; a decisão deve ser tomada com extrema cautela. Mesmo as melhores escolas não possuem recursos adequados para necessidades especiais de aprendizado.

8. Fora os males do trânsito e da poluição, a China é um lugar relativamente seguro. Não é livre de crimes, mas está longe de ser dominada por ele. Estrangeiros já foram agredidos e atacados em incidentes ocasionais, mas, em geral, a criminalidade não é um grande problema. Multidões enfurecidas, porém, podem representar uma ameaça.

9. A China oferece grandes oportunidades para quem gosta de fazer compras. Roupas, móveis, antiguidades e milhões de outros produtos são amplamente disponibilizados em lojas de departamentos e comércio de rua em qualquer cidade chinesa. Itens de supermercado e de necessidade diária também são encontrados em mercearias especializadas. Se sua marca favorita não estiver disponível, você pode ter de trazê-la de casa, mas pode ter certeza de que poderá encontrar o que precisa.

Capítulo 8

Armadilhas a serem evitadas

Até aqui, você já deve ter tido uma boa idéia sobre as variadas oportunidades que a crescente economia chinesa gera para as empresas ocidentais. Mas também já pôde perceber como armadilhas de todos os tamanhos surgem a cada passo do caminho para o sucesso. O objetivo deste capítulo é indicar a direção que você deve seguir para aprender a se desviar de cada uma dessas armadilhas.

Muitas delas foram mencionadas nos capítulos anteriores, como a tendência a não dar importância às relações com oficiais locais, ou a cometer equívocos em relação aos interesses e objetivos de seus parceiros locais. Esses problemas merecem ser mencionados novamente, pois qualquer erro na hora de lidar com eles pode provocar sérios problemas. As soluções para esses casos, porém, são bem diretas. Ao fazer seu dever de casa com antecedência, você pode se preparar para o que seus parceiros esperam. E assim pode conservar suas relações, sempre lembrando-se do que precisa ser feito, para, em seguida, fazê-lo. Vamos começar então pela armadilha mais complicada de todas.

CORRUPÇÃO

A maioria dos empresários estrangeiros na China, de especialistas internacionais a representantes chineses, concorda que a corrupção é um dos principais problemas do país. E, infelizmente, ocorre há anos. Em fevereiro de 2006, o primeiro-ministro da China, Wen Jiabao, expressou da forma mais direta possível o seguinte: "O suborno envenenou o caráter das práticas administrativas, industriais e sociais, tornando-se uma praga".

Essa é uma citação que chama a atenção, mas não é nenhuma novidade. Ao me deparar com ela, imediatamente me lembrei dos anos 1990, quando líderes chineses chamaram a corrupção de "câncer", e o então presidente Jiang Zemin disse que solucionar o problema era "uma questão de vida ou morte para o Partido e para o Estado". Mesmo naquela época, os artigos de jornal que eu escrevia enfatizavam que aqueles avisos nada mais eram do que repetições exaustivas de declarações já feitas em outras épocas.

Para o governo, é claro, o impacto da corrupção nos negócios estrangeiros era só um dos muitos aspectos do problema. O comportamento corrupto de oficiais de todas as camadas inibe a habilidade do governo em aplicar leis e políticas; pior, envenena todos os outros setores da sociedade chinesa. O constante fracasso do governo em deter a corrupção em setores oficiais configura uma das principais reclamações entre cidadãos comuns da China, e não é exagero dizer que essa é uma das razões pelas quais questionam a legitimidade de seus líderes. O governo tem toda a razão de enxergar a corrupção como uma ameaça ao seu comando.

Para qualquer estrangeiro que tenha negócios na China, a corrupção surge como um dos desafios mais complicados. Não existe nenhuma maneira garantida de lidar com ela, mas você estará mais bem preparado se souber o que esperar, até para decidir de antemão o que responder. Mesmo em suas piores formas, é possível resistir à corrupção. A chave é manter-se firme.

Enquanto as implicações políticas domésticas da corrupção geram mais preocupações, o governo chinês sabe perfeitamente que a questão também prejudica a reputação internacional da China, principalmente como país de destino empresarial. É por isso que a nação tomou uma série de medidas para conter a corrupção, mas nenhuma pareceu produzir resultados. Nos últimos anos, por exemplo, o governo tentou amplas reformas em políticas oficiais. Em vez de permitir que os departamentos de governo negociassem contratos de altos valores diretamente com os fornecedores, um elaborado sistema de ofertas regulamentadas foi estabelecido. Uma iniciativa aparentemente bem assessorada, mas que fracassou ao não gerar melhorias drásticas.

Em vez disso (e talvez até fosse previsível), as reformas acrescentaram novos requisitos no processo de decisão, e mais camadas burocráticas entraram em cena nos negócios que envolvem contratos públicos. Além dos representantes responsáveis pelas decisões de compra, outros gerenciam a conduta do processo. A questão é que até mesmo essas pessoas demonstraram-se suscetíveis à tentação de tirar proveito da posição que ocupam.

As autoridades também ordenam repressões periódicas a representantes oficiais corruptos. As repressões recebem muita atenção da mídia estatal e elas de fato detiveram muitos corruptos ao longo dos últimos anos. Entre 2004 e 2006, a China alegou ter enviado 50 mil oficiais corruptos para a cadeia. Execuções para esse tipo de crimes não são raras.

Mas os efeitos parecem, na melhor das hipóteses, passageiros. Oficiais com acesso a fundos estatais continuam atuando de forma corrupta, sem pudores. Oficiais com acesso a terras ou outros bens estatais fazem uso deles como se fossem propriedades particulares, enquanto aqueles que administram orçamentos de grandes projetos governamentais freqüentemente embolsam parte do dinheiro. A imprensa chinesa constantemente noticia golpes de contabilidade, empréstimos bancários tendenciosos, nepotismo e outras formas de fraude e vigarice. No caso mais escandaloso ocorrido em mais de uma década, o principal oficial de Xangai, o Secretário do Partido, Chen Liangyu, foi deposto em setembro de 2006 mediante acusações de vasta corrupção envolvendo dezenas de milhões de dólares em fundos municipais de pensão.

Em sua abrangente pesquisa de 2005 sobre a corrupção mundial, a Transparência Internacional, uma organização social civil de Berlim, elencou 159 países. Não deve ser surpresa para ninguém o fato de nações como Finlândia, Nova Zelândia e Singapura terem sido apontadas como as mais limpas. Por mais franca que a China tenha sido em relação a seus próprios problemas de corrupção, a nação ficou abaixo de países como Laos, Síria e Panamá (o grande consolo provavelmente está no fato de a Índia ter ficado em posição ainda pior, por uma margem significativa).

Em setembro de 2006, o Escritório Nacional de Auditoria da China investigou 42 ministérios e instituições centrais do governo e descobriu más condutas financeiras bastante sérias em cada um deles. Para negócios estrangeiros, essa abordagem ajuda a detectar pessoas ou competidores cujas condutas são ilícitas, um alerta principalmente para o caso de oferecerem vantagens competitivas.

Uma ameaça ainda maior, no entanto, surge quando oficiais com o poder de deslanchar ou afundar negócios aparecem solicitando suborno. Essas aproximações podem ser sutis ou descaradas. Mesmo quando há a tentação de ceder, meu conselho é resistir. Os fatores éticos e legais são suficientemente claros. Mesmo em termos estratégicos amorais, sucumbir a alguém que aceita subornos não seria uma atitude inteligente.

Em comparação bastante oportuna, um advogado estrangeiro com anos de experiência chinesa relatou o seguinte: concordar com um suborno é como concordar em beber com o anfitrião de seu jantar. Em um jantar chinês típico, é provável que o anfitrião lhe convide a participar de uma rodada de brindes e também a se unir ao resto dos convidados na bebedeira de um cálice de licor atrás do outro. Tanto em termos de gosto quanto em efeito, as conseqüências são pesadas, e muitos ocidentais simplesmente não gostam. Há quem não beba – ou não possa beber.

Sejam quais forem as suas razões, você geralmente terá dificuldades em manter seu posicionamento se tentar recusar a oferta. Você ouvirá que é uma questão de costume chinês. E provavelmente será solicitado a tomar apenas um pequeno cálice como sinal de confiança – e pelo bem da amizade em comum. "Tome", é o que dirão. "Pode não ser o seu costume, mas é como as coisas funcionam na China." Uma coisa é certa: se você sucumbir a esse momento, seu copo será constantemente preenchido e a pressão para que continue bebendo só vai aumentar.

A única forma confiável de manter-se longe de problemas, aconselhou meu amigo advogado, é nunca começar. Você pode dizer educadamente a seu anfitrião que é alérgico e sugerir um brinde com cerveja ou com bebidas não-alcoólicas. É provável que a pressão continue por mais tempo; você pode, inclusive, perceber um clima pesado no ar. Mas a chave é manter sua posição. Porque se você desistir uma única vez, vai ter provado que sua posição inicial não era tão firme assim e recusas futuras se tornarão cada vez mais difíceis.

Seja um convite agressivo para uma bebida que você não queria, ou um pedido descarado de suborno que você não quer pagar, a dinâmica permanece a mesma. Se você desistir, poderá arranjar sérias dores de cabeça e grandes constrangimentos.

No caso de uma solicitação de suborno, existem boas chances de sua recusa prejudicar um acordo, principalmente se você tiver concorrentes dispostos a subornar oficiais chineses. Se for o caso, no entanto, você deve fazer várias perguntas a si mesmo. O negócio vale os riscos legais e o potencial estrago à reputação internacional de sua empresa? O que acontecerá quando seu oficial for pego na próxima onda de repressões do governo chinês? E depois que tudo estiver concluído, você pode confiar nessa pessoa e ter certeza de que ela não se voltará contra você no futuro?

Lembre-se também de que em muitos casos essas pessoas dispostas a serem subornadas só fizeram a proposta porque imaginavam que podiam fazê-la, porque existia a chance de você concordar. Muitos executivos ocidentais resistiram à solicitações de suborno e não sofreram graves conseqüências por isso. Como argumento, pode ser útil, em uma situação dessas, recorrer à rigidez da legislação americana em relação às empresas norte-americanas. Os chineses com quem você negocia podem não conhecer detalhes sobre a Lei de Práticas Corruptivas Estrangeiras dos Estados Unidos, mas provavelmente sabem que ela existe. Será melhor se você não pregar um discurso moralista revoltado, mas você pode explicar educadamente que essa forma de conduta chinesa simplesmente não pode ser aplicada em sua empresa norte-americana. Não existem garantias de que você não vá perder o negócio no mesmo instante. Mas você tem boas chances de contornar a situação sem qualquer repercussão.

Muitos empresários ocidentais sentem-se impotentes frente à preponderante corrente de corrupção da China. Adotando o princípio do "em Roma, faça como os romanos", alguns se deixam levar por essa corrente. Mas David Mahon, diretor da Mahon China Investment Management Ltd., foi alertado sobre a tendência de ocidentais em acreditar que a corrupção é parte do legado chinês ou "alguma espécie de coisa asiática", que simplesmente não pode ser evitada. "Eu acho que é mais uma conseqüência do fraco sistema legal da China do que qualquer predisposição cultural", disse ele. "Desobedecer quando as regras e as restrições não são empregadas faz parte da natureza humana, e é isso que costuma acontecer na China."

Existe, é claro, uma grande distância entre acordos completamente transparentes e aqueles inteiramente corruptos, e é difícil trabalhar na China sem atravessá-la. Troca de presentes e entretenimento fazem parte da cultura chinesa. Para executivos estrangeiros com princípios extremamente rígidos, às vezes esse comportamento pode parecer duvidoso. Ao assinar contratos de equipamentos importados, por exemplo, um oficial chinês do setor de compras pode perfeitamente insistir que o acordo inclua um convite para uma delegação da organização dele fazer uma "visita de inspeção", obviamente desnecessária, à fábrica do vendedor – especialmente se a fábrica se situar próxima à Disneyworld ou a Las Vegas. Se atender a essas requisições lhe incomodar muito, você pode ao menos ser confortado pelo fato de que a visita em questão pode ser uma experiência reveladora para o seu convidado, e que a China, a longo prazo, só pode se beneficiar do fato de que mais oficiais vejam, em primeira mão, como funciona o resto do mundo.

Sejam quais forem os seus limites nessas áreas mais complicadas, é imprescindível conhecê-los de antemão e deixar todas as

$ 252 $

pessoas da sua organização informadas. Essa não é uma solução à prova de balas, mas oferece uma verdadeira chance de escapar daquela que pode ser a principal armadilha chinesa.

O comportamento ético por parte de empresas estrangeiras também pode contribuir para a melhora geral do ambiente. Certa vez ouvi Hu Shuli, editora da *Caijing Magazine*, dizer que a chave para o futuro desenvolvimento do ambiente empresarial chinês estava nas mãos das empresas estrangeiras, às quais implorou para que não cedessem à corrupção chinesa. Seu apelo, convocando empresas estrangeiras a se apresentarem como solução e não como parte do problema, pode parecer ingênuo. Mas não há dúvidas de que quaisquer reclamações ocidentais a respeito da corrupção chinesa serão extremamente hipócritas se tiverem sido coniventes com essa onda.

OUTRAS QUESTÕES ÉTICAS

Deixando de lado a corrupção, a China possui muitos outros dilemas éticos. Para começar, é inegável que o país mereça a reputação de grande violador dos direitos humanos. Repressões políticas e religiosas são reais. Em questões relativas ao mundo empresarial, existem outros graves problemas ligados à força de trabalho chinesa.

Teoricamente, as leis trabalhistas chinesas são bastante amplas, com impressionantes garantias de direitos que cobrem a segurança dos trabalhadores, garantem o salário mínimo, compensações por hora-extra, limitação da jornada de trabalho e do trabalho infantil. Mas, na prática, as coisas ocorrem de forma bem diferente. O especialista em questões trabalhistas chinesas

Robert Rosoff escreveu que "violações de direitos trabalhistas podem ser consideradas um fato em todas as fábricas, até que se prove o contrário".

Ativistas que buscam remediar essas questões através da tentativa de organizar trabalhadores geralmente são encaminhados para as autoridades e recebem severo tratamento. Sindicatos independentes e direito de greve simplesmente não existem na China. Exploração e trabalho forçado, por outro lado, acontecem.

Tudo isso leva a sérias perguntas sobre como uma empresa ocidental pode seguir seus próprios padrões éticos e suas relações trabalhistas nessas condições. No caso de um negócio estrangeiro que possui ou administra diretamente suas próprias instalações, é mais simples manter os padrões adequados. Mas é preciso garantir supervisão constante, o que necessariamente trará custos adicionais em um mercado cheio de competição acirrada no que se refere a preços. Mas pode ser feito.

As coisas se complicam um pouco mais quando outras relações são envolvidas. O que você pode fazer se, por exemplo, descobrir que os bens industriais que vem comprando de uma "fábrica" chinesa provinciana, na verdade, são feitos em uma prisão ou em um acampamento de trabalho forçado? Você pode optar por dizer para si próprio que se tratam de criminosos condenados pagando sua dívida com a sociedade, e que eles, na verdade, provavelmente preferem fazer algo de produtivo com seu tempo. Mas sabendo o que sabe a respeito da natureza arbitrária do sistema judicial chinês, por quanto tempo você pode continuar sem se perguntar quantos daqueles "trabalhadores" chegaram ali sem ter tido direito a um julgamento justo?

Até meados da década de 1990, empresas chinesas que empregavam trabalho de presidiários não tinham vergonha de admitir isso, às vezes até mesmo em seu material promocional divulgado em inglês. A prática é vista como algo perfeitamente aceitável, e nem um pouco controverso pela maioria dos chineses. Oficiais chineses e empresários locais foram pegos de surpresa quando viram diversos mercados ocidentais não só reagindo com repulsa, mas também ordenando a proibição de importações de bens fabricados sob tais circunstâncias. As fábricas logo aprenderam a omitir detalhes de suas operações, providenciando mudanças que permitiam que todos os envolvidos – inclusive o governo central da China, que anos antes firmara compromissos bilaterais com Washington, visando bloquear exportações de bens fabricados por presidiários – negassem o que tivessem de negar.

Mas geralmente é necessária pouca investigação para descobrir o que acontece sob a superfície. No verão de 2005, o *South China Morning Post*, principal jornal de língua inglesa de Hong Kong, relatou que seis das maiores instituições financeiras do mundo haviam comprado ações de uma empresa chinesa fabricante de perucas que se utilizava de mão-de-obra forçada. Merrill Lynch, HSBC, ING e Morgan Stanley estavam entre os bancos envolvidos.

Por causa da complexidade e do emaranhado de partes envolvidas nessa história, ocorreu-me citá-la como exemplo dos dilemas éticos que podem emergir durante a concretização de negócios na China. Listada no mercado de ações domésticas de Xangai, a Henan Rebecca Hair Products era a principal fabricante de perucas da China e gerava altos lucros. Quando a China autorizou outra rodada de investimentos estrangeiros em seus mercados domésticos de ações, a Henan Rebecca foi uma das empresas que mais atraiu interesse.

Por conta do esquema do Investidor Institucional Estrangeiro Qualificado (QFII) da China, os indivíduos não podem comprar ações domésticas diretamente. Em vez disso, grandes bancos estrangeiros que têm autorização para comprá-las fazem isso em nome de seus clientes investidores, detendo ações em seus nomes. Então, de quem é a responsabilidade? Assim como diversos outros bancos, o HSBC respondeu argumentando seguir padrões internacionais exemplares, recusando-se a assumir a responsabilidade pelos acordos que faz para seus clientes.

O HSBC emitiu uma declaração afirmando que avaliava a pertinência de seus acordos diretos com organizações e indivíduos, conforme altos padrões sociais, éticos e ambientais. Mas, acrescentou: "Nós não gostaríamos de policiar as decisões de terceiros referentes a transações no mercado de ações. Isso seria indesejável e impraticável".

Como o repórter do *South China Morning Post* destacou em sua matéria, uma simples pesquisa na internet apontou milhares de links referentes à ligação entre a Henan Rebecca e trabalhos forçados. Se por um lado seria tolo sugerir que uma pesquisa na internet constitui argumento adequado, esses resultados, no mínimo, sugerem que deveria ter ocorrido alguma diligência. Mas com tantas partes prestes a abandonar a transação, parece que ninguém tinha incentivo – ou vontade – de fazer isso.

Então, qual deve ser a postura de um empresário estrangeiro que busca um parceiro, um distribuidor ou um fornecedor chinês? Afinal de contas, se você avaliar cautelosamente qualquer empresa chinesa, existem boas chances de encontrar alguma coisa que alguém em algum lugar do mundo considere censurável.

Políticas trabalhistas inadequadas podem ser as mais difundidas. Mas, e quanto às empresas que têm ligação direta com o exército chinês ou com aquelas mesmas forças de segurança que perseguem dissidentes e milhões de fiéis que rezam nas igrejas subterrâneas da China? Outras empresas chinesas, principalmente do setor de energia, podem estar desempenhando um papel controverso no desenvolvimento chinês de regiões minoritárias, como o Tibete ou Xinjiang.

Alguns ocidentais podem enxergar sérios problemas éticos nessas situações. Mas a verdade é que eles são difíceis de evitar. Em algum ponto, esse exercício beira o absurdo. O objetivo aqui não é ir tão longe, mas, em vez disso, ilustrar a potencial sensibilidade das questões em jogo.

Algumas grandes empresas norte-americanas de alta tecnologia vêm lidando com essas questões nos últimos anos – e sofrendo severas críticas por sua cumplicidade com os rígidos regulamentos chineses acerca da censura na internet. Conforme amplamente difundido nas mídias empresariais e de notícias, Microsoft, Google, Cisco e Yahoo! sofreram com esse problema. A Microsoft supostamente censurou um blogger cujos textos, apesar de pacatos, ofenderam às autoridades. Enquanto isso, a Google (lema oficial: "Não seja mal") concordou em filtrar os resultados de buscas para usuários de seu site chinês, de acordo com as sensibilidades extremamente intolerantes do Partido Comunista. Há anos a Cisco é apontada como provedora da tecnologia de rede da China, usada para filtrar, monitorar e censurar a internet. E a Yahoo! confirmou ter ido longe demais, a ponto de entregar detalhes de informações pessoais que a polícia chinesa precisava para encontrar, prender e condenar um usuário da Yahoo! que enviou e-mails que desagradaram o governo.

Com apenas poucas variações, essas empresas têm opiniões em comum. A China, dizem elas, tem suas próprias leis e as empresas estrangeiras, concordando ou não, devem acatá-las se desejarem operar no país. Essa lógica em si se sustenta, assim como a alegação de que o compromisso chinês com o resto do mundo – sejam quais forem os termos – oferece o melhor caminho para uma eventual liberalização. Ao mesmo tempo, falhas aparecem quando você considera que a lei chinesa está longe de ser uma construção absoluta e independente. Freqüentemente, é um rígido instrumento de controle arbitrariamente empregado pelo Estado para sustentar seu monopólio de poder, prontamente ignorado quando serve a seus propósitos. Mesmo que os executivos da Yahoo!, da Google e da Cisco não percam o sono em função das implicações éticas de seus negócios com a China, eles têm muito com o que se preocupar em termos do impacto nas relações públicas em casa e no resto do mundo. Todas essas empresas sofreram críticas por suas ações, e, independentemente de outras questões envolvidas, essas críticas devem ser consideradas.

Conforme tudo isso deixa claro, os problemas éticos envolvendo acordos com a China podem trazer complicações, e, infelizmente, não existem regras ou dicas capazes de guiá-lo. A ética é mais um obstáculo que se alastra por todo o caminho do que uma armadilha propriamente dita; não existem maneiras de contorná-la. Cabe a você confiar nas suas políticas de responsabilidade social e na sua própria consciência durante a jornada. O fato de saber que os obstáculos existem deve facilitar de alguma maneira.

ESCOLHENDO SUAS BATALHAS

Por mais educados que sejam os discursos em cerimônias de abertura e por mais cordiais que sejam os brindes em jantares de negócios, sempre chega o momento em que você e sua contraparte chinesa não entram em acordo. Na verdade, isso acontece com freqüência em ambientes empresariais ocidentais bem regulamentados. Mas, na China, onde tudo é mais difícil, onde os contratos são menos respeitados e o sistema legal é cheio de falhas, acontece com mais freqüência. Eu me atrevo a dizer que qualquer ocidental que declare ter feito negócios com a China sem ter tido qualquer problema ou está apenas começando ou está contando vantagem.

Pequenos negócios podem ser particularmente vulneráveis a comportamentos abusivos. Conforme o lado chinês sabe muito bem, pequenas empresas ocidentais não tendem a levar fé na capacidade do sistema legal chinês de proteger seus interesses, nem desejam investir muito dinheiro em procedimentos jurídicos.

Paradoxalmente, grandes empresas podem ser tão vulneráveis quanto as pequenas. Como você logo verá por meio de exemplos, é justamente por causa de seu tamanho que elas têm menos poder. Independentemente de seu porte, as discordâncias vão aparecer. Quando isso acontecer, você enfrentará a difícil decisão sobre como proceder, devendo escolher as suas batalhas com cuidado.

Quando a McDonald's Corporation enfrentou esse dilema em 1994, decidiu – sabiamente, por sinal – que discrição seria o ato mais corajoso. Em 1989, poucos meses após a violenta intervenção armada que encerrou as manifestações na Praça da

Paz Celestial, o McDonald's assinou um acordo que o trouxe à China. Foi um dos primeiros grandes acordos estabelecidos após a violência política e marcou um importante passo do retorno chinês à normalidade e ao engajamento internacional. A empresa obteve um excelente preço em um acordo de 20 anos em sua primeira loja, localizada a um quarteirão da própria Praça da Paz Celestial. E também acreditou ter ganho vários pontos com as autoridades chinesas por ter prosseguido com o acordo durante aqueles dias tensos e caóticos.

Mas, em cinco anos, a empresa foi comunicada de que o prédio ocupado seria derrubado para abrir caminho para um novo complexo comercial. E mais: o acordo de 20 anos estava efetivamente encerrado. Primeiro, os executivos mal puderam conter sua frustração com a traição e a violação descarada do contrato. Outras empresas também foram alertadas e começaram a duvidar de que a China estivesse pronta para ser um parceiro de negócios confiável.

Mas não demorou muito para que o McDonald's reconsiderasse sua resposta. A empresa já possuía sete lojas em Pequim e mais 19 em outras cidades chinesas. Mais importante: tinha planos. Grandes planos que incluíam a abertura de mais 600 lojas nos próximos dez anos. E logo percebeu que uma longa batalha poderia prejudicar esses projetos. Deixou discretamente a loja de Pequim. Assinou um novo contrato de aluguel no novo prédio e seguiu com seus planos de expansão. Hoje a empresa tem 770 lojas por toda a China, com planos de abrir outras 100 a cada ano, permanecendo como uma das marcas estrangeiras mais conhecidas na nação.

Recentemente, uma das maiores empresas industriais alemãs enfrentou um dilema semelhante e chegou a uma conclusão muito parecida. Transrapid, um consórcio da Siemens AG e da ThyssenKrupp AG, cooperou com as autoridades de Xangai na construção de uma magnífica linha de trem maglev de alta-velocidade. O lado alemão contribuiu com fundos, equipe e com sua mais avançada tecnologia. A linha de 29 km logo se tornou um dos projetos de maior prestígio da China, sem mencionar que se tornou uma das maiores atrações turísticas de Xangai. Também serviria, esperava a Transrapid, como um sistema de demonstração que podia levar a contratos lucrativos para uma extensão de 200 quilômetros, ligando aquela linha à cidade de Hangzhou, e, talvez, a outras linhas ao redor do país.

Mas a parceria foi prejudicada pela alegação de existirem chineses tentando roubar a tecnologia. O pior incidente ocorreu no final de 2004, quando engenheiros chineses foram flagrados invadindo uma segura sala de engenharia para tirar medidas do equipamento. O incidente provocou um grande alvoroço na mídia alemã e um dos jornais afirmou que a invasão tinha sido filmada. A Siemens e a ThyssenKrupp, no entanto, abafaram o episódio.

Pouco mais de um ano depois, a China anunciou que estava se preparando para conduzir experimentos de seu próprio sistema maglev e a mídia alemã mais uma vez se manifestou a respeito de um aparente caso de roubo de tecnologia. Mas, novamente, as empresas alemãs escolheram abafar a questão.

E não é difícil perceber por quê. A Siemens investira bilhões de dólares pela China em 12 empreendimentos, manufaturando semicondutores, aparelhos eletrônicos, aparelhos domésticos e muito mais. A ThyssenKrupp, por sua vez, se conteve por uma série de contratos envolvendo aço e outros *commodities*. Jovens executivos dessas empresas hesitariam em se opor a oficiais chineses de alto escalão, quando eles justamente têm tanto a perder. Esse tipo de raciocínio reforça a questão suscitada pela revista alemã Der Spiegel: "Até que ponto, podem ou devem as empresas alemãs, européias e ocidentais se submeter ao crescente poder econômico, na esperança de gerar futuros negócios?"

É uma questão com a qual muitos empresários ocidentais na China terão de lidar eventualmente. Mas recuar nem sempre é a resposta certa. Considere o caso de um pequeno negócio administrado por uma mulher italiana, Gisa Casarubea, que veio para a China com seu marido, em meados da década de 1980, para lecionar. Eles sempre sonharam em ter um restaurante, e, quando se aposentaram como professores, decidiram investir suas economias em Pequim. Associaram-se a um homem local que consideravam amigo e investiram 100 mil dólares no empreendimento. O restaurante abriu em 1994 e foi bem recebido tanto por estrangeiros quanto pela população local como uma alternativa ao cenário gastronômico ocidental dominado por hotéis em Pequim.

Mas eles passaram a se sentir cada vez mais incomodados pelo fato de seu parceiro local embromar para finalizar as formalidades da *joint venture* que prometera executar. Eles também descobriram que o dinheiro pertencente ao empreendimento havia desaparecido. Quando finalmente confrontaram o sócio, ele enfim admitiu ter mentido para eles e nunca ter registrado a *joint venture*. Aliás, contou-lhes que a falta da *joint venture* significava que eles não tinham direitos legais para atuar na China: até seus vistos tinham expirado e ele tinha amigos poderosos na polícia e no governo municipal. Com o requinte de um jogador de xadrez anunciando um xeque-mate, acrescentou que eles não podiam fazer nada além de arrumar as coisas e voltar para casa.

Mas eles optaram por ficar e lutar. Foi uma longa batalha, estabelecida em uma época em que o sitema legal da China era significativamente menos receptivo e eficiente do que é agora. Mas finalmente venceram. "Todos me disseram que era um caso perdido e que eu devia deixar tudo de lado e desistir", Casarubea me contou. No entanto, o casal recuperou boa parte do dinheiro e o utilizou para abrir um pequeno negócio de fabricação de queijo. Mais tarde abriram outro restaurante italiano em Pequim, que continua funcionando.

TREINAMENTO DE SENSIBILIDADE

Toda a agitação que se presencia no exterior sobre a emergência chinesa como superpotência econômica se equipara ao ruído interno existente na própria China sobre a nação estar finalmente assumindo seu devido lugar no mundo. Porém, há uma grande insegurança e muita sensibilidade cultural. As empresas descobriram da maneira mais difícil como é fácil atingir o ponto fraco chinês.

Freqüentemente, empresas se encrencaram ao ofender, sem querer, as sensibilidades culturais ou políticas da China. Isso aconteceu com a Nike em 2004, quando lançou um comercial de televisão com o astro da NBA LeBron James. Chamado "Câmara do Medo", o anúncio de um minuto e meio mostrava James correndo em círculos em torno de uma versão animada de um velho mestre chinês de artes marciais. James também aparecia derrotando um par de dragões chineses e superando duas mulheres chinesas trajando vestidos tradicionais.

Pode ter parecido um comercial inteligente e apelativo para a equipe de marketing da Nike, mas provocou um alvoroço na

China, onde foi denunciado como "uma inaceitável agressão à dignidade nacional". Salas de bate-papo na internet agitaram-se com críticas à maneira como o anúncio retratava os personagens chineses sendo derrotados por um americano.

Em seguida, a Administração Estatal de Rádio, Filme e Televisão interferiu e ordenou que o comercial fosse suspenso, alegando que violava regulamentos que requeriam que "todos os comerciais mantivessem a dignidade e o interesse nacional, respeitando a cultura da pátria-mãe". A Nike não pôde fazer nada, a não ser desculpar-se.

Poucos meses antes, a Toyota Motor do Japão cometeu um deslize parecido. A empresa também teve de apresentar desculpas formais e suspender uma série de anúncios de revistas e jornais que mostravam leões de pedra, um tradicional símbolo de poder chinês, reverenciando seu Prado Land Cruise. Em outra propaganda, tida como ofensiva por muitos chineses, a Toyota mostrou um de seus Land Cruisers rebocando o que parecia um jipe militar chinês.

Na mesma época, anúncios de *outdoor* de outra empresa japonesa, Nippon Paint, também suscitaram insatisfações. A empresa tentou mostrar como seu produto era macio mostrando um dragão que não conseguia se agarrar a um pilar pintado.

Em 2006, a Kentucky Fried Chicken provocou muita agitação quando sua propaganda retratou Fu Qingzhu, um mestre taoísta da famosa dinastia Ming, comendo um sanduíche de galinha junto com seus discípulos. Críticos se opuseram à apropriação de uma figura nacional reverenciada por uma empresa estrangeira, e alguns foram especialmente enfáticos, pois o taoísmo prega o vegetarianismo.

No capítulo 3, você leu a respeito da extrema sensibilidade acerca da questão de Taiwan. Esse é um outro campo minado em que empresas estrangeiras podem facilmente tropeçar. Houve o caso de um cliente enfurecido do sudoeste da China que alegou transtorno psicológico e tentou processar a Canon por 12 milhões de dólares após comprar uma impressora e ver Taiwan incluída na lista dos "países" que oferecem centros de serviços autorizados da empresa.

Muitas das maiores empresas mundiais cometeram o mesmo "erro" em seus sites na internet. Audi, Siemens, General Electric e McDonald's, entre outras, foram alertadas por incluírem Taiwan em sua lista de "países". Na maioria dos casos, as empresas recuaram e alteraram suas listas para "país/região".

Enquanto esses incidentes podem parecer extremamente exagerados para as sensibilidades ocidentais, as reações que provocam do lado chinês são genuínas e reveladoras. A mídia chinesa confere ampla cobertura e os consumidores chineses as levam muito a sério. Claramente, as empresas ocidentais precisam levar essas sensibilidades em consideração enquanto formulam estratégias de comunicação e de campanha.

ARMADILHAS LOGÍSTICAS

Após navegar pela série de problemas suscitados por corrupção, ética empresarial, brigas de poder e sensibilidade cultural, deve ser confortante lutar com problemas de logística simples e diretos. E, na China, é o que não falta.

Um dos maiores é a disponibilidade de energia. Qualquer companhia preparando-se para investir em algum tipo de indústria precisa considerar a possibilidade da falta de energia. O risco é maior para operações com alto consumo, como a fundição, embora baixas de energia também representem um constante obstáculo para pequenas instalações industriais.

Em um relatório de 2005, a CLSA afirmou que 35% das pequenas e médias empresas tiveram seu suprimento de energia cortado três vezes por semana. Outros 53% experimentaram cortes de energia um ou dois dias por semana.

Empresas de investimento estrangeiro precisam seguir o caminho das fábricas chinesas: 83% delas têm seus próprios geradores de energia a diesel, que permitem manter tudo funcionando mesmo quando o suprimento público é cortado. Mas isso não resolve o problema completamente, já que a energia autogerada pode custar até 75% a mais do que a energia trazida pela rede. Além disso, faltas geralmente surgem sem aviso, o que pode prejudicar a produção e danificar caros equipamentos.

Outra estratégia é mudar a produção para noites sem picos de energia e fins de semana. Custos de trabalho podem aumentar com essa opção, mas o suprimento de energia tende a ser mais confiável.

A disponibilidade de água é outra preocupação fundamental para qualquer grupo industrial chinês. Com um suprimento de água natural muito abaixo das normas globais, a China enfrenta uma baixa anual de suprimento de cerca de 40 bilhões de toneladas. A indústria e a agricultura sofrem com a escassez de água e essa luta deve se intensificar na medida em que os padrões de uso per capita aumentam. Os cortes de suprimento já são comuns, especialmente em operações de uso intensivo de água como opção de geração de energia.

O uso relativamente ineficiente de água na China prejudica a situação. De acordo com suas próprias estimativas oficiais, o país utiliza quase quatro vezes mais água por unidade de produção econômica do que a média mundial. Sua taxa de reutilização industrial é igualmente baixa.

Para estimular a eficiência e a conservação, a China tem elevado o preço da água, que é artificialmente baixo, procedimento que especialistas acreditam que deva continuar por algum tempo. Projeções de orçamento de qualquer empreendimento que dependa de água deve, portanto, considerar esses custos crescentes.

O preço não é o único problema relativo à água: a qualidade também é uma preocupação. Um caso que foi relatado a mim é o de uma instalação de tratamento de água pertencente a um investimento europeu, no centro da China, que teve de encerrar suas operações após a liberação de poluentes no curso do rio, os quais alteraram o nível do pH da água, que chegava além da capacidade de processamento da instalação.

Tanto em termos de energia quanto de água, a falta de suprimentos e a turbulência nos preços representam verdadeiras ameaças, algo que fica completamente fora da alçada de qualquer empresa estrangeira. Preparar-se de antemão, porém, pode ao menos minimizar o impacto.

PONTOS IMPORTANTES DO CAPÍTULO 8

1. A corrupção é a principal armadilha que você deve encontrar ao conduzir negócios na China. O problema é endêmico e representa uma grande preocupação tanto para o governo quanto para empresas estrangeiras. Você provavelmente encontrará situações que variam entre ligeiramente incorretas e completamente corruptas, e provavelmente não vai conseguir se manter inteiramente afastado. A melhor opção é manter-se firme e resistir à tentação de seguir o fluxo.

2. Deixando de lado a corrupção, outras questões éticas se destacam. Empresas ocidentais podem manter um bom grau de controle sobre o tratamento de seus próprios trabalhadores, mas precisam prestar atenção aos padrões de seus provedores e fornecedores. Outras questões delicadas como direitos humanos e censura também podem surgir, especialmente em negócios feitos diretamente com o governo. Isso é inevitável quando você opta por fazer negócios em lugares onde valores, padrões éticos e sistema político são tão diferentes. Não existe uma receita para atingir um equilíbrio, mas nunca esqueça de que as ações de sua companhia no mercado chinês podem gerar críticas em seu país-sede. Utilize o bom senso na escolha de suas batalhas. Mais cedo ou mais tarde os negócios chineses devem sofrer pressão ou exploração e você pode sentir a necessidade de recuar. Antes de fazê-lo, avalie

cuidadosamente suas chances de sucesso assim como o impacto em seus interesses gerais. Por mais desagradável que isso possa ser, muitas empresas calcularam e concluíram que, às vezes, é melhor tolerar.

3. Esteja alerta para as muitas sensibilidades políticas e culturais. O público chinês ofende-se com facilidade e a mídia chinesa certamente irá influenciá-los. Muitas empresas ocidentais prejudicaram sua posição perante os consumidores por causa de comerciais bem intencionados, mas mal recebidos.

4. Fique alerta quanto à diminuição de recursos básicos. Em qualquer lugar da China sua operação pode não contar com energia e água necessárias para funcionar. Os cortes significam aumento dos gastos e os orçamentos devem refletir esse fator. Freqüentes falhas significam que você deve se preparar com uma fonte alternativa – mesmo que isso signifique recorrer a sistemas autogeradores de alto custo.

CONCLUSÃO

Meu modesto objetivo com este livro foi oferecer um retrato do estimulante, mas complexo, mundo dos negócios na China. Ao chegar até aqui, você deve ter uma boa idéia da imensa promessa e dos graves problemas que encontrará se escolher vir para cá.

Seja qual for o seu negócio, você não terá problemas para encontrar um caminho para aqui se inserir se assim desejar. Você já viu que alguns setores são mais abertos do que outros, mas empresários em qualquer campo encontrarão o que fazer na China. Conforme enfatizei nas primeiras páginas da Introdução, a decisão de se arriscar deve ser bem pensada. Eu espero ter oferecido informações suficientes para você equilibrá-las com o que sabe a respeito de seu próprio negócio.

A última peça do quebra-cabeça envolve o futuro da China. Considerando toda a turbulência que a nação experimentou – de onde veio, e, acima de tudo, o quanto mudou nos últimos 25 anos –, parece muito arriscado tentar adivinhar o que vai acontecer em seguida. De fato, seria tolo oferecer previsões a respeito de qualquer coisa a longo prazo. Existem simplesmente muitas variáveis nos âmbitos doméstico, regional e global, tanto políticas quanto econômicas, para que se possa fazer suposições significativas.

Mesmo assim, acredito que alguns elementos básicos do trajeto a curto prazo podem ser previstos com alguma certeza. E, em geral, acredito que eles se alinham bem, tanto para a China quanto para os negócios estrangeiros.

PROJEÇÕES PARA OS PRÓXIMOS ANOS

O ponto chave em minha mente é o fato de que a China finalmente concluiu seu grande debate acerca do que quer e para onde quer ir. Vale a pena lembrar que há não muito tempo ainda existiam facções poderosas dentro da liderança que se opunham à transformação voltada para uma economia de mercado. Seja por compromisso com os ideais comunistas ou por preocupações acerca do desafio intrínseco de manter o controle político após liberar a economia, muitas figuras influentes defenderam, durante toda a década de 1980 e boa parte da década de 1990, que a China deveria resistir às reformas de mercado e se engajar na economia mundial de maneira cautelosa.

Mas essas pessoas foram derrotadas pelos eventos e existe hoje um consenso quase unânime de que a China está no caminho certo. Ainda existe muita preocupação a respeito de onde isso tudo vai dar, principalmente em se tratando do problema de como cuidar daqueles que ficam prejudicados no cenário altamente competitivo da China. Ainda existem muitas discussões sobre como adequar as atuais políticas com as mais básicas noções da ideologia socialista que a China ainda diz aplicar. Mas não há nenhuma razão para voltar atrás ou mudar o curso básico. Muitas pessoas já têm investimentos nesse atual modelo para tornar isso possível, além de haver um consenso de que o velho modelo não poderia mais suprir as necessidades básicas, muito menos as grandes expectativas da China no mundo atual.

Existe da mesma forma um forte consenso a favor de uma estratégia baseada na cooperação, em vez do confronto, da China com os Estados Unidos e outras grandes potências, assim como um crescente engajamento com todas as grandes instituições multilaterais mundiais – pelo menos por enquanto. Não há como dizer quanto do crescimento da China influenciará a ordem mundial, mas, a curto prazo, o país está mais propício a se fundir ao *status quo* global do que revertê-lo.

Tudo isso tem implicações vitais no cenário empresarial. Significa que as políticas vão continuar a evoluir em direção à maior liberalização e ao maior acesso para empresas estrangeiras. Em algumas áreas, o ritmo será muito lento e isso, sem dúvida, prejudicará o desenvolvimento de certas oportunidades de negócio.

Particularmente, vejo três áreas em que a China resistirá às mudanças e à liberalização: na mídia, no sistema legal e na moeda. Juntos, esses três itens formam uma espécie de base que o partido e o governo tentarão manter pelo tempo que for possível, na esperança de que essas forças se soltem da mesma forma que todo o resto está solto.

Conforme você leu no capítulo 5, o governo já perdeu uma vasta porção do controle sobre as informações que as pessoas podem difundir e receber. Isso faz com que ele se torne mais determinado a controlar o que ainda pode: a imprensa estatal, amplamente regulada. Independentemente de quantas revistas ou filmes hollywoodianos entrem na China, imagino que o governo vai tentar manter desesperadamente seu quase monopólio do controle das principais notícias. Para empresas estrangeiras que atuam nessa área, portanto, as oportunidades se apresentarão em ritmo mais lento. Isso significa que a economia modernizante da China não se beneficiará do potencial impacto que uma imprensa verdadeiramente livre pode ter.

Também vejo um teto de vidro em termos do quão longe as reformas da legislação chinesa poderão ir. As leis continuam mudando e melhorando, e os negócios, tanto estrangeiros quanto locais, se beneficiarão na medida em que elas se transformem. Mas não prevejo o governo algum dia permitindo que a lei prevaleça sobre seus próprios interesses. Se isso ocorrer será ruim, pois significa que nunca haverá um verdadeiro fim para todas as distorções e iniqüidades produzidas por um sistema legal politicamente dominado.

A resistência chinesa quanto à liberação cambial pode ser a mais difícil de se sustentar, mas isso não impedirá que a nação continue tentando. Uma vez que suas políticas de taxas de troca e restrições de conversão têm um impacto direto nas economias estrangeiras, a China vem sofrendo pressão de todos os lados para permitir uma troca mais livre do iuane. O governo claramente se lembra da devastação trazida a seus vizinhos pela crise financeira asiática de 1997, por isso teme desesperadamente que uma troca mais livre do iuane possa expor a China a esse tipo de instabilidade. Mas, sob incansável pressão estrangeira, a China relutantemente deu pequenos passos em direção à liberalização. O câmbio pode, portanto, ser a primeira base do tripé a cair. De fato, até o fim de 2006, a taxa de troca iuane-dólar começou a flutuar significativamente.

Flutuações trarão impactos diferentes, dependendo de você estar comprando ou vendendo para a China. Mas, para todos os envolvidos, grande volatilidade dificultará o planejamento. É um fator com o qual pessoas de negócios lidam na maioria dos outros mercados mundiais e que, portanto, devem estar preparados para enfrentar.

Debates ideológicos não devem mais ameaçar o progresso da China, mas outros problemas urgentes a preocupam. O governo – provavelmente com razão – vê a crescente desigualdade como um grande problema. As reformas produziram muita riqueza, mas também criaram uma divisão social entre os que têm e os que não têm. A cada ano, a China vê dezenas de milhares de incidentes de insatisfação, às vezes consideravelmente violentos. As causas variam de disputas trabalhistas a confiscos de terras. Se até então o governo conseguiu manter um certo controle sobre a situação, existem sérias preocupações referentes à hipótese de não conseguir controlá-la se a prosperidade econômica cessar.

Para manter sua taxa de crescimento no mesmo nível atual, a China dependerá de fatores que estão além de seu controle. A globalização trouxe grandes benefícios para a China, mas também significa que ela será exposta aos efeitos da recessão em seus principais mercados na Europa e nos Estados Unidos.

Tendo se unido ao restante do mundo, a China também terá de acompanhá-lo. Apesar de apresentar incrível trajetória até agora, ela não pode permanecer a vida inteira como uma base manufatureira para produtos criados e concebidos em outros lugares. O governo sabe disso e embarcou em uma campanha para estimular a inovação. Pretende modernizar seu estabelecimento científico e aumentar os gastos em programas corporativos, acadêmicos e governamentais de pesquisa e desenvolvimento. Também buscará incentivar a criatividade. Isso requer profundas mudanças no sistema educacional, que prega conformidade em vez de inovação, e grandes melhoras em seu regime de proteção aos direitos de propriedade intelectual.

Os riscos são altos porque, se a China fracassar em algum desses aspectos, não vai demorar muito até escutar – na memorável frase de Ross Perot – "um som gigante de sucção enquanto os empregos caem". Vietnã, Bangladesh e Camboja, entre outros, estão dispostos e desejosos por pegar esses empregos a qualquer momento.

O desafio chinês foi muito bem descrito pelo Doutor Denis Simon, reitor-adjunto do Instituto Levin da State University of New York e um proeminente especialista ocidental nas políticas de ciência e tecnologia da China. "Se a China não fizer isso direito", disse ele, "corre o risco de se tornar uma boa economia industrial do século XX justo quando precisa descobrir como ser uma economia bem informada do século XXI."

Ainda está para ser vista a maneira como a China conseguirá lidar com seus muitos desafios, mas, simplesmente, por seu tamanho e pelo que já atingiu até agora, é difícil vê-la desaparecer inteiramente de seu proeminente lugar no mundo. O que eu disse na Introdução deste livro cabe ser repetido aqui: a China é e continuará sendo central para o funcionamento da economia global e fundamental para a estratégia de longo prazo da maioria das grandes empresas mundiais. O que acontece na China provavelmente já afeta o seu negócio, e, se ainda não afeta, afetará em breve.

Até este ponto, você já pode sentir que desenvolver negócios na China apresenta benefícios que são difíceis de ser separados da existência de uma burocracia complexa, de um sistema legal limitado e de uma cultura distinta. Como tentei enfatizar durante todo o livro, porém, esses benefícios são reais e potencialmente acessíveis. E, apesar de todas as dificuldades – que por necessidade abordei bastante aqui e você as explorará na prática –, a verdade é que o que acontece na China é verdadeiramente notável. Portanto, um certo encantamento por isso tudo não é totalmente inadequado. Mas tenha em mente que o senso de humor pode ser igualmente útil, ainda que difícil de manter em alguns momentos.

O resumo da ópera é que o sucesso é possível. Em 2006, o Conselho de Negócios Estados Unidos–China publicou os resultados de uma pesquisa de suas empresas-membro. Existem perguntas metodológicas razoáveis a serem levantadas sobre esse tipo de auto-relato, mas, apesar disso, são informações válidas, que merecem consideração. Das empresas americanas pesquisadas, 81% relataram lucratividade em 2005 em suas operações na China. Quase 70% afirmaram que sua lucratividade havia crescido em relação à do ano anterior e mais da metade informou que a lucratividade de suas operações na China correspondiam ou excediam as margens mundiais de lucro de suas empresas.

Quanto à receita para tal sucesso, as particularidades são únicas da China, é claro. Mas o básico não. O que é necessário é uma sólida compreensão do ambiente, que tentei oferecer nestas páginas, somada a um pensamento claro, o bom planejamento, a resistência, e, acima de tudo, muita persistência.

Boa sorte!

CONSIDERAÇÕES

Contemplar a grande quantidade de pessoas em quem confiei, toda a ajuda, a direção e o apoio que gentilmente me ofereceram durante meus anos na China, é, para mim, um exercício de humildade. E é um prazer ter a oportunidade de agradecê-los aqui.

Minha prima Elyse Beth Silverberg foi quem me trouxe para a China, mas ela nunca imaginou que isso duraria 18 anos (e continua durando!). E ela tem me ajudado a encontrar os meus caminhos desde que saltei do trem, em uma manhã de domingo ensolarado, em março de 1989. Serei eternamente grato a ela e ao Michael Lee, Elaine Silverberg e Ari B. Lee, por sua influência em me trazer para a China e me manter aqui.

Eu também devo muito à minha família, não só por fazer da minha vida na China o que ela é, mas também pela compreensão durante os muitos meses em que os negligenciei em função deste projeto. Roberta, Jonathan, Daniel e Benajamin: amo vocês e agradeço muito. Dorothy Lipson também sabe quão importante têm sido para mim seu amor, incentivo, sabedoria e apoio.

Marylin Plafker, Morris Plafker, e Morris Lipson, que já se foram mas em quem nunca deixo de pensar um só dia e lembrar tudo o que me deram.

Este livro não teria sido possível sem o apoio, o trabalho duro e a paciência infindável de Dan Ambrosio, Rick Wolff, Laura Jorstad e o resto de sua equipe na Warner Business Books. Agradecimentos especiais para Scott Seligman, que nos uniu e ajudou a fazer este projeto acontecer.

Existem incontáveis outras pessoas que concederam tempo e esforço (e às vezes consideráveis riscos) para compartilhar seu conhecimento e sabedoria da China comigo. Muitos outros pacientemente me ajudaram a clarificar ou ajustar meu pensamento e minha escrita a respeito dos problemas complexos que a China levanta. Apesar de querer agradecer a cada um deles individualmente, muitos não serão nomeados aqui – alguns porque querem ou precisam manter-se anônimos e outros simplesmente por lapsos imperdoáveis da minha memória. Peço desculpas antecipadamente aos que possa ter omitido.

Gostaria de aproveitar essa oportunidade para agradecer algumas pessoas que mal me conhecem e podem se surpreender ao verem seu nome aqui. São as pessoas cujos escritos me foram particularmente úteis ao longo dos anos, por isso não poderia deixar passar em branco sua contribuição para qualquer entendimento da China aqui exposto.

Dentre os muitos a quem devo agradecer estão: Jonathan Anderson, Andrew Beck, Ira Belkin, James Brock, Cao Meiguang, Michelle Chen, Chen Zhiwu, Jerome Cohen, Mark Cohen, Geoffrey Crothall, Dai Qing, John DeFrancis, Dong Ying, Jeffrey Evans, Jaime FlorCruz, Fu Zhoggang, Richard Hardiman, Andrew Higgins, Hu Juanjuan, Hu Shuli, Mansour Javidar, Jia Aimei, John Kamm, John Kohut, Michael Komesaroff, Misha Krakowsky, Arthur Kroeber, Daniel Kwan, Willy Wo-Lap Lam, Nicholar Lardy Simon Leys, Lawrence Liu, Christopher Lockwood, Stanley Lubman, Nandani Lynton, Ma Jun, Raymond Ma, David Mahon, Doug Markel, Paul Markillie, John McAlister, James McGregor, James Miles, Paul Miller, Robin Munro, Ken and Lesley Nilsson, Peter Norton,

Mark O'Neill, Peng Dingding, Qiao Gangliang, Stephen Roach, Scott Roberts, Lester Ross, Andy Rothman, Erwin Sanft, Stuart Schonberger, John Schrecker, Frank Siegel, Denis Simon, Joseph Simone, Andrew Singh, Anne Stevenson-Yang, Jing Ulrich, Dan Vasella, Wang Canfa, Wang Xiangwei, Jörg Wuttke, Andy Xie, Zhou Yu, Zhu Hong, Dominic Ziegler.

BIBLIOGRAFIA

Um grande volume de literatura relevante existe para quase todos os aspectos da China, assim como para cada período de sua história e desenvolvimento. É um montante literário que continua a crescer – não só em volume, enquanto o interesse mundial pela China se espalha, mas também em amplitude, profundidade e qualidade, enquanto acadêmicos e analistas ganham cada vez mais acesso a fontes e materiais anteriormente indisponíveis. Segue uma lista de títulos úteis, inclusive aqueles aos quais me referi ao longo de *Fazendo negócios na China*, e outros que – por uma série de razões – considero importantes, esclarecedores ou úteis.

BERNSTEIN, Richard e MUNRO, Ross H. *The coming conflict with China*. Alfred A. Knopf, 1997.

BLACKMAN, Carolyn. *Negotiating China: Case studies and strategies*. Allen & Unwin, 1997.

BOND, Michael Harris. *Beyond the chinese face: Insights from psychology*. Oxford University Press, 1991.

CHEN, Ming-Jer. *Inside chinese business: A guide for managers worldwide*. Harvard Business School Press, 2001.

CLISSOLD, Tim. *Mr. China: A memoir*. HarperCollins, 2004.

DAI QING. *The River Dragon has come!: The three gorges dam and the fate of china's Yangtze River and its people*. M. E. Sharpe, 1998.

FISHMAN, Ted C. *China, Inc.: How the rise of the next superpower challenges America and the world*. Scribner, 2005.

GREENE, Felix. *A curtain of ignorance. China: How America is deceived.* Jonathan Cape, 1964.

GRIES, Peter Hays. *China's new nationalism: Pride, politics, and diplomacy.* University of California Press, 2004.

GUTHRIE, Doug. *China and globalization: The social, economic, and political tranformation of chinese society.* Routledge, 2006.

HAVARD Business Review. *HBR on doing business in China.* Harvard Business School Press, 2004.

KYNGE, James. *China shakes the world: The rise of a hungry nation.* Weidenfeld & Nicolson, 2006.

LIEBERTHAL, Kenneth. *Governing China: From revolution through reform.* W. W. Norton & Company, 1995.

LUBMAN, Stanley B. *Bird in a cage: Legal reform in China after Mao.* Stanford University Press, 1999.

MACKERRAS, Colin. *The new Cambridge handbook of contemporary China.* Cambridge University Press, 2001.

MCGREGOR, James. *One billion customers: Lessons from the front lines of doing business in China.* Wall Street Journal Books, 2005.

NATHAN, Andrew J. e ROSS, Robert S. *The great wall and the empty fortress: China's search for security.* W. W. Norton, 1997.

ROSEN, Daniel H. *Behind the open door: Foreign enterprises in the chinese marketplace.* Institute for International Economics, 1999.

SELIGMAN, Scott D. *Chinese business etiquette: A guide to protocol, manners, and culture in the People's Republic of China.* Warner Books, 1999.

SHENKAR, Oded. *The chinese century: The rising chinese economy and its impact on the global economy, the balance of power, and your job.* Wharton School Publishing, 2004.

SOLOMON, Richard H. *Chinese negotiating behavior: Pursuing interests through "old friends".* United States Institute of Peace Press, 1999.

STUDWELL, Joe. *The China dream: The elusive quest for the greatest untapped market on Earth.* Profile Books, 2002.

WANG HUI. *China's new order: Society, politics, and economy in transition.* Harvard University Press, 2003.

WINT, Guy. *Common sense about China.* Victor Gollancz, 1960.

ÍNDICE

A

Agência Internacional de Energia, 45

Amazon.com, 242

Ambiente legal (leis), 56-86, 272-73

    Aspectos negativos do, 63-65

    Questões de direitos autorais, 78-84

    Questões de aplicação, 61-65

    Aspectos positivos do, 61-63

    Como estruturar empreendimentos, 65-66

    Joint ventures, 66-75

    Visão geral do, 57-60

    Escritórios representativos, 77-78

    Vendas e marketing, 135-37

    Wholly foreign-owned enterprises, 75-77

Analysys Inc, 196

Armadilhas logísticas, 265-67

Asian Development Outlook 2006, 191-92

Associação de Laticínios da China, 149

Auto-iniciativa de empregados, 113-14

B

Baidu, 170, 185

Banco Asiático de Desenvolvimento, 168, 172, 185, 191-92

Bangladesh, setor têxtil, 190, 193

Barreiras para o sucesso, 17-18, 137-40

BASF China Company Ltd., 35

Bayley & Jackson Medical Center (Pequim), 233

Beck, Andrew, 27

Beijing Review, 177, 185

Bens falsificados/pirateados, 78-82

Berlitz, 219

BNP Paribas Peregrine, 146

Burocracia

    Lidando com burocratas, 114-16

    Classificações, 100-02

    Tendência ao segredo, 155-61, 180-81, 272

Business Week, 187

C

Caijing Magazine, 177-78, 185, 253

Câmara Americana de Comércio na China (AmCham), 50, 61, 185

Cankao Xiaoxi, 181

Cartões de visita, 94

Carvão, 44-45

Casarubea, Gisa, 262

Caso do hotel Dandong, 69-70, 72

CB Richard Ellis, 222

Censura, 155-61, 173-75, 180-81, 272-73

   Desastre com a barragem Henan, 156-57, 161

   Censura à internet, 170-71, 257-258, 272

Chang Gordon G., 14

Chen Kaige, 80

Chiang Kai-shek, 121

China Daily, 170, 176-77, 185

China Economic Review, 51

China Inc. (Fishman), 14-15

China Mobile (empresa de celulares), 17

China Securities Journal, 51

China Statistical Yearbook, 162-63

Chindex International, 28, 233

Chinês Mandarim, 210-20

Chinese Century, The (Shenkar), 187-88

Cisco, 257-58

CJV (Joint venture contratual), 73-75

Classificação de crédito, 50-51

CLSA, 89, 193, 206, 266

Cohen, Mark, 82-83

Colliers International, 222

Comércio de ações, 204-206

Coming Collapse of China, The, 14-15

Comissão Estatal Reguladora de Eletricidade, 46

Comissão Nacional de Desenvolvimento e Reforma, 46

Comissão Reguladora de Bancos da China, 48

Comissão Reguladora de Seguros da China (CSCR), 60

Comitê para Proteção de Marcas de Qualidade (QBPC), 84

Compostura em negociações, 117-18

Compras, 240-42

Congresso Nacional Popular, 64-65

Conselho de Negócios Estados Unidos-China, 185, 276

Construção de estradas, 40-41

Construções verdes, 39

Consumidores (cultura de consumo), 140-51

    Informações sobre, 141-43

    Natureza de rápidas mudanças dos, 141-45

    Divisão entre gerações, 148-49

    Reforma no setor de moradia e, 143-45

    Visão geral da estrutura de consumo da China, 145-48

    Servindo hábitos e costumes locais, 151-52

    Divisa urbano-rural, 148

Consumo de petróleo, 45-46, 265-66

Corrupção, 106, 173-75, 246-53

Cotas, 190, 192-93, 210

Críticas a empregados, 111-12

Custos de trabalho, 189-200

D

Dados oficiais alterados, 163-69

    Trabalhando com, 168-69

Dalai Lama, 123-24

Danwei, 112-13, 143-44

Departamento de Energia norte-americano, 45

Der Spiegel, 261-62

Desequilíbrio comercial, 137-39

Diferenças culturais, 87-132

   Ver também aspecto; políticas

   Relações

   Grandes Coisas, 93-95, 98-121

   Morte do cavalheirismo, 88-91

   Estrangeirismo, 91-93

   Coisas menores, 95-98

   Pequenas coisas, 126-127

Diligência adequada para joint ventures, 71-73

Direitos autorais (copyrights), 78-84

   Medidas para se proteger, 82-84

Direitos de acionistas, 204-206

Direitos de distribuição, 136-137

Direitos de propriedade intelectual (DPI), 78-84

   Medidas de proteção, 83-84

Direitos de trabalho, 196-97, 253-57

Direitos humanos, 124-26, 181-82, 253-57

Divisão de consumidores urbanos e rurais, 148

DPI *ver* Direitos de propriedade intelectual

DVDs, pirataria, 78-83, 83-84

   eChinaCash, 26-27

E

Educação
De empregados, 113-14
De gerenciamento, 201-04
Escolas para estrangeiros, 234-37
EIN News, 176
EJVs (Joint ventures societárias), 73-74
Empregados, lidando com, 111-14
Escolas (escolarização)
De empregados, 113-14
Para estrangeiros, 234-37
De gerenciamento, 193-95
Escolas de línguas, 219-20
Escolhendo suas batalhas, 258-63
Escritório de Marcas e Patente norte-americano, 82
Escritório Nacional de Auditoria, 249
Escritórios representativos, 66, 77-78
Etiqueta, 87-132,
ver também aspecto; políticas; relações
Coisas Grandes, 93-95, 98-121
Morte do cavalheirismo, 88-91
Estrangeirismo, 91-93
Coisas Menores, 95-98
Pequenas coisas, 126-27
Evans, Jeffrey, 81-82

F

Falta de recursos, 265-267
Faturação, para estrutura de escritório representativo, 77-78
Favores, 106-07, 246-53
FICEs (Foreign Invested Commercial Enterprises
  – Empresas comerciais de investimento estrangeiro), 77
Filtros de rede (filtrar), 170-71, 257-58
Financiamento automobilístico 25-26
FMI (Fundo Monetário Internacional), 168, 172, 186
Frontiers, 219
Fu Qingzhu, 264
Fundação Dui Hua, 181-82
  Fundo Monetário Internacional (FMI), 168, 172, 186
Futuro da China, 270-76

G

General Electric, 39, 203, 265
Gerenciamento, 196-207
  Recrutando talento, 202-203
  Questões de equipe, 204-205
Global Doctor, 233-34
Globalização. *Ver também* Preço da China, 187-89
Google, 170, 257-58
GPS (global positioning systems), 24-25

Grandes Coisas. Ver também Aspecto; relações, 98-121
Great Firewall of China, 170-71, 183
Grupo de Consultoria de Boston
(Boston Consulting Group – BCG), 52
Guanxi, 105-08

H

Hábitos de consumo
Divisão entre gerações, 148-49
Visão geral da estrutura de consumo da China, 145-48
Entrando em conformidade com hábitos e gostos locais, 151-52
Divisa urbano-rural, 148
Hai Na Bai Wang Language Training
Center, 219-20
Henan Rebecca Hair Products, 255-56
Hong Kong International Medical Clinic (Pequim), 233
Hospitais, 28-30, 231-34, 244
HSBC, 255-56
Hu Jintao, 99, 101-02
Hu Shuli, 177, 253
Human Rights Watch/Ásia, 157

I

Ikea, 144

Índia, 115-16

Indonésia, 14

Informação, 155-186

    Melhores fontes de, 161-64

    Corporativas, 178-79

    Mídia doméstica, 172-78

    Confiabilidade da, 163-167

    Sigilo governamental

    Burocracia, 155-61, 180-81

    Ver para crer, 180-82

    Portais da internet e sites, 170-72, 185-86

    Trabalhando com dados alterados, 168-69

Instituto de Economia Internacional, 139

International Medical Center (Pequim), 233

International School of Beijing, 235

International SOS, 233

Investidores Institucionais Estrangeiros de Qualidade (QFIIs), 256

J

James, LeBron, 263-64

Japão, 124-25

Javidan Mansour, 200-01

Jiang Zemin, 247

Joanna Real Estate, 222

Jogos olimpicos 2008, 40, 221-22

Joint ventures (JVs), 66-75

   Benefícios de, 71

   Contos cautelares, 69-70

   Contratuais, 73-75

   Primórdios da, 66-68

   Societárias, 73-74

   Armadilhas das, 68-71

Joint ventures contratuais (CJVs), 73-75

Joint ventures societárias, 73-74

Jones Lang LeSalle, 221-22

Jornais, 172-78

JPMorgan Securities, 180, 189

Justiça da lei *x* Justiça pela lei, 58-59

   Ver também ambiente legal

JVs. *Ver* joint ventures

K

Kamm, John, 181-82

Kentucky Fried Chicken (KFC), 152, 264

K-mart, 188

Komesaroff, Michael, 128-29

L

Lao wai, 91-92

Lardy, Nicholas, 139-40
LBS (location-based system), 24-25
Lei Sarbanes-Oxley (SOX), 179, 206
Leis trabalhistas, 253-54
Lian, 103-04
Liberalização de câmbio, 273
Lidando com colegas, 111
Lipson, Morris, 187-88, 194
Lipson, Roberta, 28, 107-08, 188, 220, 233
Liu, Lawrence, 69-70, 72
Location-based system (LBS), 24-25
Logística, 265-67
Lubman, Stanley, 58
Lynton, Nandani, 200-01

M

Mahon, David, 252
Mao Tse-Tung, 121, 124-26
Marketing. *Ver* consumidores; vendas e marketing
Materialismo, 141
MBA, 202-03
McDonald's, 160, 259-60, 265
Mercado imobiliário, 163, 221
Mercados, negociando nos, 240-41
Mianzi, 102-05

Miaojian Information Ltd., 176
Microsoft, 257
Mídia, 51-52, 170-78
  Censura na, 170-71, 257-58, 272
  Doméstica, 172-78, 185-86
  Fontes estrangeiras, 172, 185-86
  Portais da internet e sites, 170-71, 185-86
Mídia doméstica
  Censura na, 172-178
Miller, Paul, 213
Mineração de dados, 27
Ministério de Recursos Hídricos, 157
Morgan Stanley, 41, 164, 207, 255

N

National Offshore Oil Corporation, 180
NBS (Escritório Nacional de Estatísticas), 162-63,
165, 167, 185
Negociações (negociando), 104-05, 116-18, 241-42
Newbridge Capital, 51
Nike, 263-64
Nippon Paint, 264
Norton, Peter, 26-27
Novartis, 33

O

Organização para a Cooperação e o Desenvolvimento Econômico (OCDE), 169, 172, 186

Orientadores, empregadores como, 113-14

P

Paciência nas negociações, 116-18

Padrões ambientais, 39

Padrões de auditoria, 178-79

Papa John's, 149-50

Patentes, 78-84

   Medidas para proteção, 82-84

People's Daily, 152

Pequenas Coisas

   Desculpas, 97

   Aplausos, 98

   Etiqueta de jantares, 96

   Nomes chineses, 94-95

   Elogios, 97

   Presentear, 97

   Visitas domiciliares e empresariais, 97-98

   Regra da mão-dupla, 94

"Pequenos Imperadores", 148-49

Pequim

Poluição do ar, 229-231

Dirigindo em, 223-24

Estrangeiros morando, 214, 262-63

Hospitais, 233-34

Moradia, 221-22

Língua, 214-15

Jogos Olímpicos (2008), 40, 221-22

Escolas, 234-35, 237

Website, 171, 185

Pesquisa e desenvolvimento, 31-34

Pesquisas biotecnológicas, 31-34

Pesquisas clínicas, 31-34

Pesquisas com animais, 31

Pizza, 149-50

Política (discussões políticas), 118-26,

Ver também direitos humanos

Taiwan, 121-22

Tibete, 123-24

Pontualidade, 126

Portais da internet e sites, 170-72, 185-86

Postos difíceis/isolados, 210-211

Preço da China, 187-209

Questões de governança corporativa, 204-07

Custos de trabalho, 189-200

Questões de gerenciamento, 196-204

Preço. Ver Preço da China

Produtividade de trabalho, 198
Produto Interno Bruto (PIB), 30, 139, 164-66, 169
Produtos agrícolas, 19
Produtos lácteos, 149
Programa de desenvolvimento da ONU, 168, 172, 186
Protecionismo, 137-140

Q

Questões de compliance, 206
Questões de gênero sexual, 93
Questões de governança corporativa, 204-07

R

Rawski, Thomas G., 168-69
Refinarias, 45-46
Reforma tributária, 206-07
Reformas de mercado, 271-72
Regulamentos., 56-60 *Ver também* ambiente legal
  Lidando com reguladores, 114-16
  Vendas e marketing, 135-137
  Relações (gerenciando relações), 99-118
  Ver também aspecto; guanxi
  Lidando com corrupção, 246-53
  Com empregados e colegas, 111-14

Descobrindo quem é quem, 99-102

Negociações, 116-18

Escolhendo suas batalhas, 259-63

Com reguladores e burocratas, 114-16

Sinais sutis de comunicação, 108-10

Estratégia do "muito complicado", 110

Relatar finanças corporativas, 178-79

República Popular da China (RPC), 121-22

Revistas, 172-78

Roach, Stephen, 164

Rosoff, Robert, 253-54

Rothman, Andy, 89-90

Royal Dutch Shell, 180

S

Sanders, Harland, 152

SARS (Síndrome Respiratória Aguda Severa), 27-29

SBC Warburg, 181

SEPA (Administração Estatal de Proteção Ambiental), 25-26, 229-30

Serviços de navegação, 24-25

Setor automobilístico, 20-27, 150-51

Dirigindo na China, 223-29

Setor bancário, 47-52

Setor biotecnológico, 27-37

Setor de atacado, 135-37

Setor de construção, 37-42

Setor de eletricidade, 42-44, 265-66

Setor de energia, 42-47, 75

   Cortes no, 265-66

Setor de infra-estrutura, 37-42

Setor de mineração, 75

Setor de porto, 41

Setor de roupas, 187-195

Setor de seguros, 50-52, 60

Setor de serviços automotores, 21-27

Setor de varejo, 17-19

Setor de vestuário, 187-95

Setor de viagens e turismo, 19

Setor hídrico, 41-42, 266-67

Setor médico, 27-34

Setor químico, 34-37

Setor têxtil, 189-96

Shan Weijian, 51

Shapiro, Sidney, 92

Shenkar, Oded, 187-88

Shi Jiliang, 48-49

Siemens AG, 260-61

Simon, Denis, 275

Sina, 170, 185

SinoFile.net, 176

Sinopec, 26-27
Software pirateado, 79
Sohu, 170, 185
Sorvete, 149
South China Morning Post, 255-256
Suborno, 105-06, 246-53
Summers, Lawrence, 143-44
Sutton, Willie, 47

T

Taiwan, 121-23, 264-65
Tarifas, 139-140
   Tarifas de importação, 139-140
   Taxas de impostos corporativos, 206-07
Telecomunicações, 18-19, 52
Televisões (tevês), 195-96
Thyssenkrupp AG, 260-61
Tibete, 123-24
Títulos, 99-101
Toyota Motor, 264
Trabalhos de prisioneiros, 253-55
Transações internas, 52
Transparência Internacional, 249
Transrapid, 260-61

Treinamento de sensibilidade, 263-65

U

Ulrich, Jing, 180, 189
United Family Hospital, 233

V

Vasella, Dan, 33
Vendas e marketing, 133-54.
    Ver também consumidores
    Barreiras para o sucesso, 137-40
    Conservando a legalidade, 135-37
    Treinamento de sensibilidade, 263-65
    Servindo hábitos e gostos locais, 151-52
Visitas empresariais, etiqueta para, 97-98

W

Wall Street Journal, 82
Web sites do governo chinês, 170-72,185-86
Wen Jiabao, 102, 246-47
Wholly foreign-owned enterprises (WFOEs), 75-77

X

Xangai
    Estrangeiros morando, 214
    Moda, 194
    Hospitais, 233-34
    Equipes de gerenciamento, 203-04
    Web site, 185
    Expo Mundial, 40

Este livro foi impresso pela RR Donnelley
para a Editora Prumo Ltda.